タイニートリア
ティールーム
季節を味わう
イギリスの菓子

慶本佐知子

KADOKAWA

はじめに

　2016年に、小さなティールームをオープンしました。場所は、東京の下町情緒あふれる人形町。縁もゆかりもない場所でしたが、銀座や日本橋に程近い静かな町がいいなあと思い、周辺の土地をたくさん歩き回りました。人形町は個人商店がいきいきと営まれていて、行き来する人や土地に活気があり、直感で「ここがいい！」と思ったんです。

　飲食店の経営は初めてでした。開店するにあたり、提供するお菓子のレシピで参考にしたのはイギリスのフードライターのレシピです。よくチェックしていたのはBBC公式サイトの料理ページ。まずはレシピ通り、かたっぱしから試し焼きをして、そこからオリジナルの味を作り上げていきました。

　「タイニートリアティールーム」のレシピ本を出したいとお話をいただいたとき、正直気後れしたんです。「プロの菓子職人でもないのにいいのかな」と。でもうちのお菓子を求めてリピートしてくださるお客様や、「遠方でなかなか行けないけれどいつかは！　と思いながらインスタグラムを楽しみに見ています」というメッセージをくださる方のことを考えると、本を出す意味はあるのかもしれない、と出版を決めました。

　本書のレシピは、すべてお店で提供したことがあるお菓子です。中でも特に好評だったものや、もう一度食べたい、というリクエストが多かったものを中心に選んでいます。また家庭で作りやすいように、ティールームで実際に作っているサイズより小さい型でのレシピにしていますので、おうちでのお茶の時間を楽しんでいただけたらとてもうれしいです。

　それにしても、亡くなった両親にこの本を見せてあげたかったな。

　1個数百円のスコーンやお菓子、紅茶だけのお店を開くと言い出した娘に、飲食店を経営していた父は「やっていけるわけがないだろう」と散々心配をしていました。

　ティールームが「本」という形になったのを見たら、さぞかし喜んで、安心してくれたでしょう。

　そしてこの本を出すことができたのは、開店当初から今までご来店いただいたすべてのお客様と、私をフォローし支えてくれるスタッフみんなのおかげです。感謝の気持ちとともに、これからもっと多くの方に喜んでいただける店にしていきたいと思っています。

慶本佐知子

Contents

- 4 はじめに
- 8 イギリスの菓子作りに使う粉と道具

Part1
いつも食べたいティールームの菓子

ティールームの定番菓子
- 12 ヴィクトリアスポンジ
- 14 キャロットケーキ
- 16 コーヒー＆ウォルナッツケーキ
- 18 レモンドリズルケーキ
- 20 バナナブレッド

スコーン
- 22 プレーンスコーン
- 24 ダブルチーズスコーン
- 25 ラムレーズンと胡桃の全粒粉スコーン
- 26 ラヴェンダー＆ハニースコーン
  ココナッツ＆マンゴースコーン
- 28 スパイスナッツスコーン
  ／スパイスナッツ
- 30 ウィンターワンダーランドスコーン

日持ちのする菓子
- 32 ティーローフ
- 34 スパイスフィグケーキ
- 36 キャラメルジンジャーケーキ
- 38 ドライフィグと胡桃の
  スティルトンビスケット
- 40 ローズマリーと黒胡椒の
  チェダービスケット

- 42 いろいろ使える便利素材
  ジンジャージャム＆ジンジャーシロップ
  ミックススパイス

Part2
季節を味わうティールームの菓子

初夏から夏の菓子
- 46 サマープディング
- 48 チョコレートビスケットケーキ
- 50 杏のクランブルケーキ
- 52 パイナップルとジンジャーの
  アップサイドダウンケーキ
- 54 グーズベリーとエルダーフラワーのケーキ
- 56 バノフィーパイ
- 58 バノフィーケーキ
- 60 ルバーブとジンジャーのクランブルケーキ

秋の菓子

- 64 アップルパイ／スウィートペイストリー
- 66 スパイスアップルケーキ
- 67 アップルクランブル
- 68 クランブルチャイケーキ
- 70 無花果とキャラメルの
  アップサイドダウンケーキ
- 72 洋梨とキャラメルの
  アップサイドダウンケーキ
- 74 葡萄とアーモンドのケーキ
- 76 コーヒー＆パンプキンケーキ

冬の菓子

- 80 クリスマスプディング
- 82 ミンスパイ／ミンスミート
- 84 スティッキートフィープディング
- 86 エクルフェカンタルト
- 88 アップルシャルロット
- 90 トリプルジンジャーケーキ

冬の終わりから春の菓子

- 94 柑橘のアップサイドダウンケーキ
- 96 チョコレートベイクウェルタルト
- 98 苺とショートブレッドのクランブルケーキ
- 100 ブラウニー
- 102 レモンメレンゲパイ／レモンカード
- 104 ラヴェンダーとカモミールの蜂蜜ケーキ
- 106 レモンとエルダーフラワーの
  ヴィエニーズ・ワール

- 110 タイニートリアの誌上紅茶レッスン
- 112 イギリスのティールームに魅せられて

本書で紹介するレシピの約束ごと

❦ 大さじ1＝15ml、小さじ1＝5ml
❦ 卵はMサイズ（正味約50g）を使用。g表示の時は全卵を溶いてから量ります。
❦ グラニュー糖は細目（微細）グラニュー糖を使用しています。
❦ 中力粉の作り方はP8を参照してください。
❦ 電子レンジは500Wのものを使用しています。
❦ オーブン使用の場合、電気でもガスでも本書のレシピ通りの温度と時間で焼いてください。ただし、メーカーや機種によって火力が異なるため、様子を見ながら温度は5℃前後、時間は5分前後から、調整してください。

撮影／竹内章雄
ブックデザイン／鳥沢智沙(sunshine bird graphic)
スタイリング／慶本佐知子
調理アシスタント／大槻有里子、竹田麻美
　　　　　　　　　増渕英理子、三好弥生
校正／鈴木初江
レタッチ／関口五郎(オフィスROUTE56)
編集協力／斯波朝子(オフィスCuddle)
編集／橋本恵子(KADOKAWA)

食器・クロス協力／アティック
住所：東京都世田谷区成城6-16-4-2F
電話：03-5490-6601

イギリスの菓子作りに使う
粉と道具

イギリスの菓子を作るために、これだけは準備しておいていただきたいと思う
粉、砂糖、そして道具についてご紹介しますね。

中力粉の作り方、砂糖について

イギリスで一般的に使われている粉は、日本の薄力粉に比べてたんぱく質の量が多く中力粉に相当します。タイニートリアティールームでは中力粉を取り寄せて使っています。でも、一般のご家庭では手に入りにくいため、薄力粉と強力粉を半量ずつ混ぜて中力粉として使うことをおすすめします。粉の銘柄は問わず、スーパーで手に入るものでも充分おいしく作れます。お好みのものをお使いください。またイギリスでお菓子作りに使われる砂糖は、キャスターシュガーと呼ばれる粒子の細かいものが主流です。溶けやすく、生地やクリームがなめらかに仕上がるのが特徴。日本では細目(微細)グラニュー糖がこれにあたり、おすすめします。

おすすめの道具

基本的に生地は泡立て器ではなくへらで混ぜます。へらはゴム製のものを使っています。オールドスタイルのイギリス菓子は木のへらやスプーンで作られてきましたが、やっぱりゴムべらが作りやすいと思いますし、食感が、どっしりしながらもふわっとします。もし興味があれば同じレシピを木べらでも作ってみてください。ゴムべらに比べて、生地がざっくりした仕上がりになります。ただ、パパッと作ってしまいたいならハンドミキサーで混ぜてもOKです。生地をならしたり、クリームをのばすのにパレットナイフは1本あると便利です。カードは生地をこそげとったり、まとめたりするのに必要です。ゴムべらよりもずっと効率的です。こちらも金属製のものではなくゴム製のものをおすすめします。

サンドイッチケーキは丸型2つで焼きます

当ティールームの丸型のサンドイッチケーキは、1つのスポンジケーキを半分に切ってデコレーションすることはせず、必ず2つの型で2枚焼き、重ねてデコレーションしています。ティールームでは、イギリス製の薄型のサンドイッチティンと呼ばれる型を使いますが、手に入りにくいので、一般的な丸型で作りましょう。型2つで作る理由は、1枚の厚さが薄くなり、焼き時間が短くなるせいか、生地が軽やかに焼きあがるから。当ティールームのケーキは、「ボリューム感があるのに食べ心地が軽やかで、ペロリと食べられてしまう」と言っていただくことが多いのですが、この「型2つで作る」ことに理由があるのかもしれません。

Part1
いつも食べたい ティールームの菓子

この章では、タイニートリアティールームの
定番の菓子をご紹介しています。
イギリスのカントリーサイドのティールームでもおなじみの
ヴィクトリアスポンジやキャロットケーキなど5種のケーキ、
そしてスコーンはプレーンのほか季節の味わいを感じられるも
のまで7種類、そして日持ちのする焼き菓子を5種類。
どれも、いつ食べても飽きない素朴なおいしさ。
ぜひおうちでも、濃いめの紅茶と一緒に楽しんでくださいね。

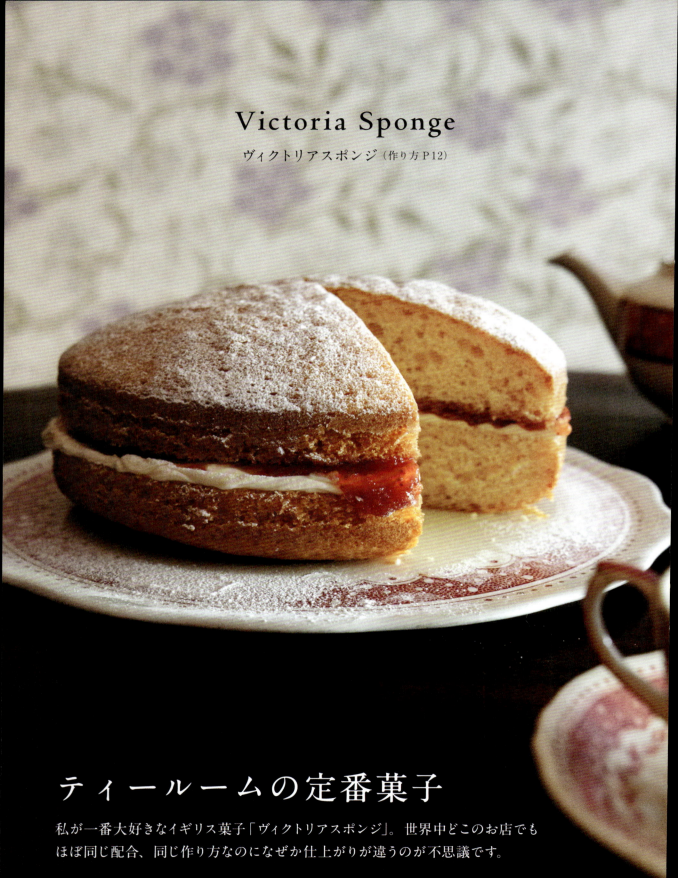

Victoria Sponge
ヴィクトリアスポンジ（作り方P12）

ティールームの定番菓子

私が一番大好きなイギリス菓子「ヴィクトリアスポンジ」。世界中どこのお店でもほぼ同じ配合、同じ作り方なのになぜか仕上がりが違うのが不思議です。

Plain Scones
プレーンスコーン（作り方P22）

ヴィクトリアスポンジ

タイニートリアティールームの人気No.1のケーキです。「ヴィクトリアスポンジ」は、イギリスのティールームでよく見かける少しクラシックな呼び名です。フィリングのジャムは、いちごを使っていますが、お好みでどんな種類でも。

作り方

1

ボウルにバターaと塩を入れてゴムべらで混ぜ合わせます。グラニュー糖を2〜3回に分けて加えながら、底から返すように、空気を含ませるようなイメージでふんわりしてくるまで混ぜ合わせます（ハンドミキサーでもOK）。

材料（15cmの丸型1台分：型は2台使用）

バター（食塩不使用）a … 115g

塩 … 小さじ1/4

グラニュー糖 … 110g

卵 … 115g

バニラオイル … 3g

A 中力粉 … 115g
   ベーキングパウダー … 小さじ1

＜バタークリーム＞

バター（食塩不使用）b … 40g

粉糖a … 20g

いちごジャム … 95g

粉糖b … 適量（仕上げ用）

準備

- バターa、bを室温でやわらかくします（指で押したときあとが残る程度）。
- 型（底取れタイプ）を2台用意し、型の内側の側面にバター（分量外）を薄く塗り、両方の底と側面にオーブンシートを敷きます（写真右）。
- オーブンを180℃に予熱します。

5

オーブンの温度を170℃に下げ、18〜20分焼きます。中心に竹串を刺して生地がついてこなければ焼き上がり（生地がついたら3分ずつ様子を見ながらさらに焼いてください）。型ごとケーキクーラーにのせ、粗熱が取れたら型からはずして完全に冷まします。

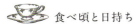 食べ頃と日持ち

◎ 作りたてから2日目まで。
◎ 保存容器に入れて冷蔵庫で約2日間。

Part1 : ティールームの定番菓子

> ─ MEMO ─
> 焼き上がったケーキ2枚の厚さに違いがあったら、薄い方を下にするとバランスよく仕上がります。

2 卵とバニラオイルをフォークで混ぜ、**1**に少しずつ加えながらゴムべらで底から返すようにして空気を含ませながら混ぜ合わせます。

3 **2**に**A**を3回に分けてふるい入れながら、その都度ゴムべらでさっくりと切るように、粉けが見えなくなってなめらかになるまで混ぜ合わせます（混ぜすぎないようにしてくださいね）。

4 2つの型に**3**を半量ずつ（おおよその量でOK）入れてパレットナイフで表面をならし、オーブンに入れます。

6 バタークリームを作ります。ボウルにバターbを入れ、粉糖aを2〜3回に分けて加えながら、ゴムべらで底から返すようにして空気を含ませながら混ぜ合わせます（ハンドミキサーでもOK）。ケーキ1枚の上にバタークリームを全体に塗り、その上にいちごジャムをケーキの縁より少し内側まで塗り広げます。

7 **6**の上にもう1枚のケーキをのせます。ケーキの表面に粉糖bを、茶こしでそっとふるいます。

13

キャロットケーキ

初めて食べたのはイギリスの田舎のティールーム。お皿にごろんと寝っ転がって出てきた気取らなさがいいなあと思ったものです。濃厚だけどスパイスは際立たせすぎず、しっとり、でも軽やかさもある食感。そんな記憶を頼りに作ったレシピです。

Part1：ティールームの定番菓子

Carrot Cake

材料（15cmの丸型1台分：型は2台使用）

A
- にんじん（皮付きのまま）… 140g
- クルミ … 45g
- レーズン … 35g

B
- 卵 … 90g
- ブラウンシュガー … 95g
- 菜種油 … 120g

C
- 中力粉 … 100g
- 薄力全粒粉 … 15g
- ベーキングパウダー … 小さじ1/2
- 重曹 … 小さじ1/2
- シナモン … 小さじ1/2
- ナツメグ … 小さじ1/4

＜クリームチーズフロスティング＞

クリームチーズ … 60g
バター（食塩不使用）… 40g
粉糖 … 50g
レモン汁 … 小さじ1と1/2
クルミ … 20g（飾り用）
粉糖 … 適量（仕上げ用）

準備

- バターを室温でやわらかくします（指で押したときあとが残る程度）。
- クリームチーズを室温でやわらかくします。
- 型（底取れタイプ）を2台用意し、型の内側の側面にバター（分量外）を薄く塗り、両方の底と側面にオーブンシートを敷きます。
- オーブンを190℃に予熱します。

作り方

1. にんじんは洗って皮ごとおろします（四面チーズおろし器の約1cmの大サイズのおろし穴を使用。包丁で2cm程度の長さの薄めのせん切りにしても）。
2. クルミは5mm角に刻みます。
3. ボウルにBを入れ、泡立て器で白っぽくなるまで混ぜ合わせ（ハンドミキサーでもOK）、Aを加えてゴムべらで混ぜ合わせます。
4. 3にCを3回に分けてふるい入れながら、その都度ゴムべらでさっくりと切るように、粉けが見えなくなってなめらかになるまで混ぜ合わせます（混ぜすぎないようにしてくださいね）。
5. 2つの型に4を半量ずつ（おおよその量でOK）入れてパレットナイフで表面をならし、オーブンに入れます。
6. オーブンの温度を180℃に下げ、20～25分焼きます。中心に竹串を刺して生地がついてこなければ焼き上がり（生地がついたら3分ずつ様子を見ながらさらに焼いてください）。
7. 型ごとケーキクーラーにのせ、粗熱が取れたら型からはずして完全に冷まします。
8. クリームチーズフロスティングを作ります。ボウルにバターを入れ、粉糖を2～3回に分けて加えながら、ゴムべらで底から返すように、空気を含ませるようなイメージで混ぜ合わせます（ハンドミキサーでもOK）。クリームチーズとレモン汁を加えてふんわりとしたクリーム状に混ぜます。
9. ケーキ1枚の上に8のクリームの約3分の1量を塗り広げ、もう1枚のケーキをのせます。ケーキの表面に残りのクリームをのせ、パレットナイフを使ってふんわり広げ、飾り用のクルミを粗く刻み、仕上げに粉糖を茶こしでそっとふるいかけます。

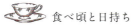 食べ頃と日持ち

◎ 作りたてから2日目まで。
◎ 保存容器に入れて冷蔵庫で約2日間。

MEMO
焼き上がったケーキ2枚の厚さに違いがあったら、薄い方を下にするとバランスよく仕上がります。

Coffee and Walnut Cake

材料（15cmの丸型1台分：型は2台使用）

A ┃ インスタントコーヒー … 小さじ1と1/2
　┃ 熱湯 … 小さじ1と1/2

バター（食塩不使用）a … 100g

グラニュー糖 … 100g

卵 … 95g

B ┃ アーモンドパウダー … 30g
　┃ カルダモンパウダーa … 小さじ1/3

C ┃ 中力粉 … 70g
　┃ ベーキングパウダー … 小さじ1

クルミa … 30g

＜コーヒーバタークリーム＞

バター（食塩不使用）b … 70g

粉糖 … 55g

D ┃ インスタントコーヒー … 小さじ1
　┃ 熱湯 … 小さじ1

E ┃ バニラオイル … 小さじ1/2
　┃ カルダモンパウダーb … ひとつまみ

クルミb … 8〜10個（飾り用）

インスタントコーヒー … 少々

準備

- バターa、bを室温でやわらかくします（指で押したときあとが残る程度）。
- クルミaを5mm角に刻みます。
- 型（底取れタイプ）を2台用意し、型の内側の側面にバター（分量外）を薄く塗り、両方の底と側面にオーブンシートを敷きます。
- オーブンを190℃に予熱します。
- Aを合わせて冷まします。
- Dを合わせて冷まします。

作り方

1. ボウルにバターaとAを入れてゴムべらで混ぜ合わせます。グラニュー糖を2〜3回に分けて加えながら、底から返すように、空気を含ませるようなイメージでふんわりしてくるまで混ぜ合わせます（ハンドミキサーでもOK）。
2. 卵を溶いて1に少しずつ加えながらゴムべらで混ぜ合わせ、底から返すようにして空気を含ませながら混ぜ合わせます。Bも加えて混ぜます。
3. 2にCを3回に分けてふるい入れながら、その都度ゴムべらでさっくりと切るように、粉けが見えなくなってなめらかになるまで混ぜ合わせます（混ぜすぎないようにしてくださいね）。刻んだクルミaを加え、全体にさっと混ぜ合わせます。
4. 2つの型に3を半量ずつ（おおよその量でOK）入れてパレットナイフで表面をならし、オーブンに入れます。
5. オーブンの温度を180℃に下げ、18〜20分焼きます。中心に竹串を刺して生地がついてこなければ焼き上がり（生地がついたら3分ずつ様子を見ながらさらに焼いてください）。型ごとケーキクーラーにのせ、粗熱が取れたら型からはずして完全に冷まします。
6. コーヒーバタークリームを作ります。ボウルにバターbを入れ、粉糖を2〜3回に分けて加えながら、ゴムべらで底から返すようにして空気を含ませるように混ぜ合わせます（ハンドミキサーでもOK）。DとEも加え、さらに混ぜ合わせます。
7. ケーキ1枚の上に6のクリームを半量塗り広げ、もう1枚のケーキをのせます。ケーキの表面に残りのクリームをのせ、パレットナイフを使ってふんわり広げます。
8. 飾り用のクルミbを表面にのせ、インスタントコーヒーをふります。

 食べ頃と日持ち

◎ 作りたてから2日目まで。
◎ 保存容器に入れて冷蔵庫で約2日間。

---- MEMO ----
焼き上がったケーキ2枚の厚さに違いがあったら、薄い方を下にするとバランスよく仕上がります。

Part1 : ティールームの定番菓子

コーヒー&ウォルナッツケーキ

「コーヒー&ウォルナッツケーキ」の隠し味はカルダモンパウダー。
カルダモンのスパイシーな清涼感がコーヒーのほろ苦さに
奥行きを与え、ケーキ全体のアクセントに。
スポンジ生地にはアーモンドパウダーを加え、リッチに仕上げます。

レモンドリズルケーキ

ドリズルとは、英語で霧雨が降っている様子のこと。
しとしと降る霧雨のようにレモンシロップをスポンジに染み込ませたら、
素朴で優しくて爽やかなイギリスのレモンケーキのできあがり。
ティールームでは小さなパウンド型で焼いていますが、ここでは、
一般的な長辺18cmのパウンド型での作り方をご紹介します。

Part1：ティールームの定番菓子

Lemon Drizzle Cake

材料（縦18×横8×高さ6cmのパウンド型1台分）

A
- バター（食塩不使用）… 65g
- グラニュー糖 … 75g
- 卵 … 55g
- 牛乳 … 30g
- レモン（国産）の皮のすりおろし … 1/2個分

B
- 中力粉 … 90g
- ベーキングパウダー … 小さじ1

＜アイシングシロップ＞
粉糖 … 70g
レモン汁 … 18g

準備

- バターを室温でやわらかくします（指で押したときあとが残る程度）。
- 型の内側の側面にバター（分量外）を薄く塗り、オーブンシートを敷きます。
- オーブンを180℃に予熱します。

作り方

1. ボウルにAを入れてゴムべらで底から返すように、空気を含ませるようなイメージでふんわりしてくるまで混ぜ合わせます（ハンドミキサーでもOK）。
2. 1にBを2〜3回に分けてふるい入れながら、その都度ゴムべらでさっくりと切るように、粉けが見えなくなってなめらかになるまで混ぜ合わせます（混ぜすぎないようにしてくださいね）。
3. 型に2を入れてパレットナイフで表面をならし、オーブンに入れます。
4. オーブンの温度を170℃に下げ、20〜30分焼きます。中心に竹串を刺して生地がついてこなければ焼き上がり（生地がついたら3分ずつ様子を見ながらさらに焼いてください）。
5. 生地を焼いている間に、ボウルにアイシングシロップの粉糖をふるい入れ、レモン汁を加えてゴムべらやスプーンでよく混ぜ合わせます。
6. 4が焼き上がったら型ごとケーキクーラーにのせ、表面全体に竹串を刺して小さな穴をたくさんあけます。
7. すぐに5のシロップをはけで表面に塗ります。全量を一気に塗るのではなく、はけで何度も重ねるように少しずつ染み込ませてください。粗熱が取れたら型からはずして、表面のシロップが乾いたら完成です。

Point

ティールームでは、写真の縦8×横4×高さ3.5cmの小さなパウンド型で焼いていますが、ここでは、ご家庭で作りやすいように縦18cmのパウンド型の分量を出しました。

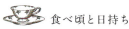 食べ頃と日持ち

◎ 作りたてから3日目まで。
◎ 保存容器に入れて冷蔵庫で約3日間。

── MEMO ──
表面のアイシングは乾くと半透明でシャリシャリした食感に仕上がります。もう少し厚めで白いアイシングに仕上げたいときは、アイシングシロップの半量をまずはけで染み込ませた後、残り半量に粉糖を20gほど追加して混ぜてからケーキの表面全体にかけて仕上げましょう。

バナナブレッド

イーストロンドンにあるケーキショップ「VIOLET」の
レシピを参考に私好みに改良を重ねたレシピです。
バターミルクは手に入りにくいので、
代わりにヨーグルトを使って程よく酸みを出し、
しっとり仕上げました。ミルで挽いたザラメが
独特の食感とこうばしさを加えます。

Banana Bread

材料（縦18×横8×高さ6cmのパウンド型1台分）

A ┌ 中力粉 … 100g
  │ ベーキングパウダー … 2.5g
  │ 重曹 … 2.5g
  └ 塩 … 2g

B ┌ プレーンヨーグルト … 20g
  │ 水 … 20g
  │ バニラオイル … 2g
  │ ラム酒 … 2g
  │ 卵 … 50g
  │ 菜種油 … 70g
  │ ＊サラダ油でもOK。
  │ ブラウンシュガー … 95g
  └ ＊きび砂糖でもOK。

バナナ … 中2本（180g）
ザラメ … 小さじ1
＊ティールームではミルで軽く挽いています。

準備

- 型の内側の側面にバター（分量外）を薄く塗り、オーブンシートを敷きます。
- オーブンを190℃に予熱します。

作り方

1 ボウルにバナナを入れ、手で（マッシャーなどでもよい）つぶします。全体がクリーム状で、ところどころ5mmくらいの粒が混ざっている状態にします。

2 別のボウルにBを入れ、泡立て器ですべての材料がなじんでなめらかになるまで混ぜます（ハンドミキサーでもOK。その場合、最初は低速で、徐々に中速まで速度を上げてください）。

3 2のボウルに1を加え、ゴムべらで全体に混ぜ込みます。

4 3にAを2回に分けてふるい入れながら、その都度ゴムべらでさっくりと切るように、粉けが見えなくなってトロッとやわらかいクリーム状になるまで混ぜ合わせます（混ぜすぎないようにしてくださいね）。

5 型に4を8分目まで入れ、型ごと10cmくらいの高さから2～3回落として生地の中の空気を抜きます。生地の表面全体にザラメをふりかけ、オーブンに入れます。

6 火力が弱めのオーブンなら185℃、火力が強めのオーブンなら180℃に温度を下げ、30～40分焼きます。中心に竹串を刺して生地がついてこなければ焼き上がり（生地がついたら3分ずつ様子を見ながらさらに焼いてください）。

7 型ごとケーキクーラーにのせ、粗熱が取れたら型からはずして完全に冷まします。

Point

パウンド型に生地を入れた後、もし生地が残ったら、クッキングシートを敷いたプリンカップなどに入れて一緒に焼いてください。焼き時間は15～25分です。

 食べ頃と日持ち

◎ 焼きたての温かい状態もおいしいですが、完全に冷めてからラップで包み1日くらいおくと、全体がしっとりし、味がなじんでさらにおいしくなります。

◎ 保存容器に入れて冷蔵庫で約3日間。

プレーンスコーン

イギリスのティールームの定番メニューといえば、
熱々の紅茶とスコーンのセットを楽しむ「クリームティー」。
タイニートリアティールームのスコーンは、
本場のバターミルクの代わりにヨーグルトを配合していて、
表面はざくほろ、中はふんわりとした食感。
見た目は素朴で、大きくゴツゴツしています。

材料（6cmの丸型5個分）

バター（食塩不使用）… 60g
卵 … 1個（8gを生地に、残りはグレイズ用に取っておきます）
A ┃ 牛乳 … 50g
　┃ プレーンヨーグルト … 25g
　┃ 水 … 25g
B ┃ 中力粉 … 225g
　┃ ベーキングパウダー … 8g
　┃ 塩 … 1g
グラニュー糖 … 28g
強力粉 … 適量（打ち粉用）

準備

- バターを5mm程度の薄切りにし、冷蔵庫で冷やします（写真a）。
- 天板にオーブンシートを敷きます。
- オーブンを200℃に予熱します。

a

 食べ頃と日持ち

◎ 作りたてから3日目まで。
◎ 保存容器に入れて常温で約3日間。

作り方

1

卵8gとAをフォークや泡立て器で混ぜ合わせ、冷蔵庫で冷やします。

5

1を4に少しずつ回し入れながら、その都度カードで切るように混ぜ込みます。水分のある部分に粉をのせるようにして、全体に水分がいき渡るようにします。粉けがなくなればOK。1が多少残っても大丈夫です（季節によって水分量は変わります）。

Part 1 : ティールームの定番菓子

> **MEMO**
> 型で抜ききれなくて余ってしまった生地は、小さく丸めて一緒に焼いておいしく召し上がってください。

2 ボウルにBをふるい入れ、冷やしておいたバターを加え、カードで切るように混ぜ込み、ポロポロの状態にします。

3 2の生地を両手の指先でこすり合わせ、バターの小さな粒が少し残るくらいで、かつ全体がサラサラの状態にします。

4 3にグラニュー糖を加えてカードで混ぜ合わせます。

6 ボウルの中で5をひとまとめにして、力を入れずに手で優しく丸めます。台に打ち粉をし、生地を置きます。
＊1の全量を入れても生地がまとまらない場合は、まとまるまで牛乳（分量外）を少しずつ加えてください。

7 6をめん棒で2cmの厚さにのばし、型で抜きます。抜き残った生地は手のひらで優しくまとめ、同じようにめん棒で2cmの厚さにのばして型で抜きます。めん棒に生地がつかないよう、軽く生地に強力粉をふってください。

8 天板に7を並べ、1で残しておいた卵液をはけで表面に塗ります。オーブンの温度を190℃に下げ、15分焼きます。

Part1：ティールームの定番菓子

Double Cheese Scones

ダブルチーズスコーン

2種のチーズをたっぷり使ったセイボリースコーン。ティールームでは、塩とバターとチャツネを添えています。おうちのティータイムでもぜひ。

材料（7.5cmの菊型5個分）＊丸型でもOK。

- ゴーダチーズ … 45g（シュレッド状のもの、またはおろしておきます）
- チェダーチーズ … 15g（シュレッド状のもの、またはおろしておきます）
- バター（食塩不使用）… 35g
- 卵 … 1個（18gを生地に。残りの卵はグレイズ用）
- 牛乳 … 60g
- A
  - 中力粉 … 150g
  - ベーキングパウダー … 小さじ1
  - 塩 … 小さじ1/4
  - マスタードパウダー … 小さじ1
- 強力粉 … 適量（打ち粉用）

準備

- バターを5mm程度の薄切りにし、冷蔵庫で冷やします。
- 天板にオーブンシートを敷きます。
- オーブンを200℃に予熱します。

作り方

1. 卵18gと牛乳をフォークや泡立て器で混ぜ合わせ、冷蔵庫で冷やします。
2. ボウルにAをふるい入れ、冷やしておいたバターを加え、カードで切るように混ぜ込みポロポロの状態にします。
3. 2を両手の指先でこすり合わせ、バターの小さな粒が少し残るくらいで、かつ全体がサラサラしてきたらゴーダチーズを加えてカードで混ぜ合わせます。
4. 1を3に少しずつ回し入れながら、その都度カードで切るように混ぜ込みます。水分のある部分に粉をのせるようにして、全体に水分がいき渡るようにします。粉けがなくなればOK。1が多少残っても大丈夫です（季節によって水分量は変わります）。
5. ボウルの中で4をひとまとめにして、力を入れずに手で優しく丸めます。台に打ち粉をし、生地を置きます。
   ＊1の全量を入れても生地がまとまらない場合は、まとまるまで牛乳（分量外）を少しずつ加えてください。
6. 5をめん棒で2cmの厚さにのばし、型で抜きます。抜き残った生地は手のひらで優しくまとめ、同じようにめん棒で2cmの厚さにのばして型で抜きます。めん棒に生地がつかないよう、軽く生地に強力粉をふってください。
7. 天板に6を並べ、1で残しておいた卵液をはけで表面に塗り、チェダーチーズを表面に散らします。オーブンの温度を190℃に下げ、15分焼きます。

食べ頃と日持ち

- 作りたてから3日目まで。バターやチーズを多く含んだ生地なので冷めると固くなります。焼き立て、または温め直して食べてください。
- 保存容器に入れて常温で約3日間。

> **MEMO**
> ティールームでは大きめサイズの7.5cm型で作っていますが、プレーンスコーンと同じ6cm型でも大丈夫です。その際は焼き時間を13〜15分で、表面がキツネ色になるのを目安に焼いてください。

Wholemeal Scones with Rum Raisins and Walnuts

ラムレーズンと胡桃の全粒粉スコーン

全粒粉ベースの、ざくざくした食感とこうばしさが味わい深いスコーン。ラムレーズンの甘みをきかせた、紅茶にとても合う一品です。

材料（6cmの菊型6個分）＊丸型でもOK。

- クルミ … 30g（5mm角に刻みます）
- ラムレーズン … 25g（ラム酒をよく切った状態で計量します）
- バター（食塩不使用）… 120g
- 卵 … 1個（25gを生地に。残りの卵はグレイズ用）
- A
  - プレーンヨーグルト … 25g
  - 水 … 25g
- B
  - 中力粉 … 45g
  - 強力全粒粉 … 110g
  - ライ麦粉 … 2g
  - ベーキングパウダー … 小さじ1
  - 重曹 … 小さじ1/4
  - 塩 … 1g
- グラニュー糖 … 10g
- 強力粉 … 適量（打ち粉用）

準備

- バターを5mm程度の薄切りにし、冷蔵庫で冷やします。
- 天板にオーブンシートを敷きます。
- オーブンを200℃に予熱します。

作り方

1. 卵25gと**A**をフォークや泡立て器で混ぜ合わせ、冷蔵庫で冷やします。
2. ボウルに**B**をふるい入れ、冷やしておいたバターを加え、カードで切るように混ぜ込みポロポロの状態にします。
3. **2**を両手の指先でこすり合わせ、バターの小さな粒が少し残るくらいで、かつ全体がサラサラしてきたらグラニュー糖を加えてカードで混ぜ合わせます。
4. **1**を**3**に少しずつ回し入れながら、その都度カードで切るように混ぜ込みます。水分のある部分に粉をのせるようにして、全体に水分がいき渡るようにします。粉けがなくなればOK。**1**が多少残っても大丈夫です（季節によって水分量は変わります）。
5. 台に打ち粉をし、生地を置いて広げクルミとラムレーズンを均一に散らし、生地を折るようにしながらひとまとめにします。
   ＊**1**の全量を入れても生地がまとまらない場合は、まとまるまで牛乳（分量外）を少しずつ加えてください。
6. **5**をめん棒で2cmの厚さにのばし、型で抜きます。抜き残った生地は手のひらで優しくまとめ、同じようにめん棒で2cmの厚さにのばして型で抜きます。めん棒に生地がつかないよう、軽く生地に強力粉をふってください。
7. 天板に**6**を並べ、**1**で残しておいた卵液をはけで表面に塗ります。オーブンの温度を190℃に下げ、13〜15分焼きます。

食べ頃と日持ち

- 作りたてから3日目まで。
- 保存容器に入れて常温で約3日間。

MEMO

ラムレーズンは焦げやすいので、抜いた生地の表面に飛び出していたら指で軽く押し込んでください。

Spring

ラヴェンダー＆ハニースコーン

イースターアフタヌーンティーのために考えたスコーン。はちみつの風味にラヴェンダーの優しい香りを重ねます。

ココナッツ＆マンゴースコーン

夏のアフタヌーンティーのためのトロピカル風味のスコーン。暑さが厳しい夏。焼きたてに、冷たいアイスクリームを添えて召し上がれ。

Summer

Lavender and Honey Scones

材料(6cmの丸型6個分)

はちみつ … 15g

生クリーム(乳脂肪分38％以上) … 130g

A
- 中力粉 … 200g
- グラニュー糖 … 15g
- ベーキングパウダー … 小さじ1と1/2
- 塩 … 小さじ1/4

食用ドライラヴェンダー … 0.5g

強力粉 … 適量(打ち粉用)

準備

- 天板にオーブンシートを敷きます。
- オーブンを200℃に予熱します。

 食べ頃と日持ち

◎ 作りたてから3日目まで。
◎ 保存容器に入れて常温で約3日間。

作り方

1 はちみつを電子レンジで約10秒温め、生クリームに加えてよく混ぜます。

2 ボウルにAをふるい入れ、ドライラヴェンダーを加えてゴムべらでざっと混ぜてから、1を少しずつ加え、ゴムべらで切るように、粉けが見えなくなるまで混ぜ合わせます。

3 ボウルの中で2をひとまとめにして、力を入れずに手で優しく丸めます。台に打ち粉をし、生地を置きます。
＊1の全量を入れても生地がまとまらない場合は、まとまるまで牛乳(分量外)を少しずつ加えてください。

4 3をめん棒で2cmの厚さにのばし、型で抜きます。抜き残った生地は手のひらで優しくまとめ、同じようにめん棒で2cmの厚さにのばして型で抜きます。めん棒に生地がつかないよう、軽く生地に強力粉をふってください。

5 天板に4を並べ、オーブンの温度を190℃に下げ、15分焼きます。

Coconut and Mango Scones

材料(6cmの丸型6個分)

ドライマンゴー … 40g

A
- 生クリーム(乳脂肪分38％以上) … 70g
- プレーンヨーグルト … 20g
- ドライマンゴーを戻すときに浸けていた水 … 20g

B
- 中力粉 … 190g
- グラニュー糖 … 30g
- ベーキングパウダー … 小さじ1と1/2
- 塩 … 小さじ1/4

ココナッツファイン … 30g

ココナッツファイン … 適量(仕上げ用)

強力粉 … 適量(打ち粉用)

準備

- ドライマンゴーは1時間からひと晩水に浸けて戻します。
- 天板にオーブンシートを敷きます。
- オーブンを200℃に予熱します。

作り方

1 水に浸けて戻したドライマンゴーを8mm角程度に切ります。

2 ボウルにBをふるい入れ、ココナッツファインを加えてゴムべらでざっと混ぜる。Aを混ぜ合わせてから少しずつ加え、ゴムべらでさっくりと切るように粉けが見えなくなるまで混ぜ合わせます。

3 ボウルの中で2をひとまとめにして、力を入れずに手で優しく丸めます。
＊Aの全量を入れても生地がまとまらない場合は、まとまるまで牛乳(分量外)を少しずつ加えてください。

4 台に打ち粉をし、3の生地を置いて広げ1を均一に散らし、生地を折るようにしながらひとまとめにします。

5 4をめん棒で2.5cmの厚さにのばし、型で抜きます。抜き残った生地は手のひらで優しくまとめ、同じようにめん棒で2.5cmの厚さにのばして型で抜きます。めん棒に生地がつかないよう、軽く生地に強力粉をふってください。

6 天板に5を並べ、オーブンの温度を190℃に下げ、15分焼きます。仕上げにココナッツファインをかけます。

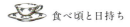 食べ頃と日持ち

◎ 作りたてから3日目まで。
◎ 保存容器に入れて常温で約3日間。

Part1 : ティールームの定番菓子

Spiced Nut Scones

材料(6cm角のもの6個分)

スパイスナッツ(下記) … 40g
バター(食塩不使用) … 60g

A ┌ プレーンヨーグルト … 54g
  └ 水 … 42g

B ┌ 中力粉 … 150g
  │ 薄力全粒粉 … 30g
  │ ベーキングパウダー … 小さじ1と1/2
  └ 塩 … 小さじ1/2

グラニュー糖 … 6g
ゴールデンシロップ … 12g
強力粉 … 適量(打ち粉用)

準備

- バターを5mm程度の薄切りにし、冷蔵庫で冷やします。
- 天板にオーブンシートを敷きます。
- オーブンを200℃に予熱します。

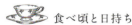 食べ頃と日持ち

◎ 作りたてから3日目まで。
◎ 保存容器に入れて常温で約3日間。

作り方

1 Aをフォークや泡立て器で混ぜ合わせ、冷蔵庫で冷やします。

2 ボウルにBをふるい入れ、冷やしておいたバターを加え、カードで切るように混ぜ込みポロポロの状態にします。

3 2を両手の指先でこすり合わせます。バターの小さな粒が少し残るくらいで、かつ全体がサラサラしてきたらグラニュー糖を加えてカードで混ぜ合わせます。

4 1を3に少しずつ回し入れながら、その都度カードで切るように混ぜ込みます。水分のある部分に粉をのせるようにして、全体に水分がいき渡るようにします。粉けがなくなればOK。1が多少残っても大丈夫です(季節によって水分量は変わります)。

5 台に打ち粉をし、4を置いてスパイスナッツを均一に散らし、ゴールデンシロップを全面にかけてから、生地を折るようにしながらひとまとめにします。
*1の全量を入れても生地がまとまらない場合は、まとまるまでヨーグルト(分量外)を少しずつ加えてください。

6 台に打ち粉をし、5を置き、めん棒で厚さ2.5cm、縦18×横12cmの大きさにのばして広げ、ナイフで6cm角×6個に切り、天板に並べます。オーブンに入れてから温度を190℃に下げ、15分焼きます。

スパイスナッツ

材料(作りやすい分量)

お好みのナッツ数種類 … 100g
バター(食塩不使用) … 8g

A ┌ ミックススパイス … 小さじ1
  │ クミンパウダー … 小さじ1/2
  │ カイエンペッパー … 小さじ1/4
  │ 黒こしょう … 小さじ1/4
  └ 塩 … 小さじ1/2

準備

- 天板にオーブンシートを敷きます。
- オーブンを170℃に予熱します。

日持ち

◎ 保存容器に入れて常温で約30日間。

作り方

1 天板にナッツを広げ、オーブンに入れてから温度を160℃に下げ、5分焼きます。オーブンから出し、オーブンの温度は再度170℃に上げておきます。

2 ボウルにナッツを入れ、全体にバターをからめてからAをまぶしてあえます。

3 天板に2を広げ、天板をオーブンに入れてから温度を160℃に下げ、10分焼きます。

スパイスナッツスコーン

塩けを強めにきかせたスパイスナッツを、
ゴールデンシロップとともにたっぷり練り込んだ
甘じょっぱいスコーン。スパイスナッツだけでも
手がとまらなくなるほどのおいしさ。
ナッツだけで食べるときは塩を少し弱めにして。

Part1 : ティールームの定番菓子

Winter Wonderland Scones

ウィンターワンダーランドスコーン

「ウィンターワンダーランド」とは、ロンドンのハイドパークで開催される冬のイベント。
アイススケートリンク、ミニ遊園地、クリスマスマーケット。可愛くて楽しくてちょっとノスタルジック。
そんなイメージで作った冬限定の、生クリームを贅沢に使ったスコーンです。

材料（6cm角のもの6個分）

A
- 中力粉 … 200g
- グラニュー糖 … 30g
- ベーキングパウダー … 小さじ1
- 塩 … 小さじ1/4

生クリーム（乳脂肪分38％以上）… 200g
ミンスミート … 75g（作り方はP82参照）

B
- 冷凍クランベリー … 12粒
- グリーンピスタチオ … 18粒

ホワイトチョコレート（製菓用）… 80g
強力粉 … 適量（打ち粉用）

準備

- 天板にオーブンシートを敷きます。
- オーブンを200℃に予熱します。

作り方

1. ボウルにAをふるい入れ、生クリームを加えてゴムべらで切るように、粉けが少し残るくらいの状態まで混ぜ合わせます。
2. 1にミンスミートを加え、ゴムべらで全体に混ぜ合わせたら、練らないように手のひらで優しくまとめます。ラップで包み、冷蔵庫で1時間程度冷やします。
3. 台に打ち粉をし、冷やしておいた2を置き、めん棒で厚さ2.5cm、縦18×横12cmの大きさにのばして広げ、ナイフで6cm角×6個に切り、天板に並べます。オーブンに入れてから温度を190℃に下げ15分焼きます。ケーキクーラーにのせ、粗熱を取ります。
4. 焼いている間にBを半分に切ります。ホワイトチョコレートは粗く刻んで、小鍋に入れ、弱火にかけて溶かします。
5. 3の表面に溶かした4をスプーンで塗り広げ、その上にBを散らして飾ります。さらにその上にホワイトチョコレートを線状に細くかけます。

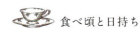 食べ頃と日持ち

◎ 作りたてから3日目まで。
◎ 保存容器に入れて常温で約3日間。

日持ちのする菓子

焼きたてもおいしいけれど、しばらくたつと味がなじんで、よりいっそうおいしくなるのが魅力の焼き菓子。そのうえ日持ちもするから、食べたい時にいつでも楽しめます。

ティーローフ

イギリス中部・ヨークシャーにある老舗ティールーム「Bettys」の有名なフルーツケーキのあまりのおいしさに感激し、「Bettys」のレッスンを受けました。そのレシピをベースに試作を重ねて完成したオリジナルケーキです。紅茶に漬けたドライフルーツの深い甘みと、ミックススパイスの香りが、じんわり広がるのをお楽しみください。

Part1：日持ちのする菓子

Tea Loaf

材料

（縦18×横8×高さ6cmのパウンドケーキ型1台分）

熱湯 … 100mℓ

ティーバッグ … 2個

＊フレーバーのついていない紅茶で。

A
- サルタナレーズン … 40g
- カレンツ … 30g
- レーズン … 30g

B
- バター（食塩不使用）… 55g
- ブラウンシュガー … 80g

卵 … 35g

C
- 中力粉 … 100g
- 重曹 … 小さじ1/2
- ミックススパイス（P42）… 小さじ1/2
  ＊市販品の場合は製菓用を使用してください。
- 塩 … 小さじ1/3

準備

- ケーキ作りを始める1～3時間前に、熱湯にティーバッグを10分浸けて濃い紅茶を作り、Aを漬け込んでください。ケーキを作るタイミングでざるにあげて水分をきり、残った紅茶も取っておきます。
- バターを室温でやわらかくします（指で押したときあとが残る程度）。
- 型の内側の側面にバター（分量外）を薄く塗り、オーブンシートを敷きます。
- オーブンを180℃に予熱します。

☕ 食べ頃と日持ち

◎ 完全に冷めてからラップで包み1日くらいおくと、全体がしっとりし、徐々に味がなじんでさらにおいしくなるので、その変化もぜひ味わってみてください。

◎ 保存容器に入れて冷蔵庫で1週間。

作り方

1 ボウルにBを入れ、ゴムべらで底から返すように空気を含ませるようなイメージでふんわりしてくるまで混ぜ合わせます（ハンドミキサーでもOK）。

2 1に溶いた卵を少しずつ加えながら、さらに混ぜ合わせます。

3 2にCを3回に分けてふるい入れながら、その都度ゴムべらでさっくりと切るように、粉けが見えなくなるまで混ぜ合わせます（混ぜすぎないようにしてくださいね）。

4 3に紅茶に漬け込んだドライフルーツだけを加えてゴムべらで混ぜ合わせます。ドライフルーツを漬けていた紅茶を少しずつ加え、スプーンで持ち上げてもすぐに垂れないぐらいのやわらかさになるまで混ぜ合わせます。

5 型に4を入れ、ドライフルーツが表面に出ないように（出ていると焦げてしまいます）パレットナイフで表面をならし、オーブンに入れます。

6 オーブンの温度を170℃に下げ、40～50分焼きます。中心に竹串を刺して生地がついてこなければ焼き上がり（生地がついたら3分ずつ様子を見ながらさらに焼いてください）。

7 型ごとケーキクーラーにのせ、粗熱が取れたら型からはずして、完全に冷まします。

ティーバッグの紅茶について

イギリスの家庭で飲まれている紅茶のほとんどはティーバッグ。それも日本でよく見かける紐付きのカップ1杯分サイズではなく、その2倍以上の量が入った紐なしサイズで、大きなマグカップにそのまま入れてたっぷり楽しみます。

多くの有名茶商が独自のブレンドのティーバッグティーを大きな箱入りで販売しています。そのいずれもがしっかりした味わいながら渋みは少なく、ストレートでおいしく、そしてミルクティーにするとさらにおいしい。イギリス菓子にぴったりの味わいです。

今回のレシピでは日本サイズのティーバッグを2個使用していますが、イギリスの大きめのティーバッグなら1個でOK。もちろんお好みのリーフを使っても！ その場合、茶葉をパッケージの指示の倍の量で10分抽出してください。

スパイスフィグケーキ

赤ワインとスパイスで煮た濃厚でスパイシーな
ドライいちじくを主役に、クルミで食感と香ばしさを、
クランベリーで甘酸っぱさをプラス。
ちょっと複雑で大人っぽいケーキに仕上げました。
赤ワインで煮たドライいちじくだけでもおいしいので、
少し多めに作っても。

Spiced Fig Cake

材料（縦21×横9×高さ6cmのパウンド型1台分）

＜ドライいちじくの赤ワイン煮＞

A
- ドライいちじく … 60g
- 赤ワイン … 60mℓ
- グラニュー糖 … 10g
- シナモンスティック … 1/2本
- クローブ … 2個
- スターアニス（八角） … 2個

クルミ … 30g
ドライクランベリー … 30g
バター（食塩不使用） … 80g
ブラウンシュガー … 40g
卵 … 120g

B
- 中力粉 … 50g
- 薄力全粒粉 … 30g
- アーモンドパウダー … 20g
- ベーキングパウダー … 大さじ1/2
- シナモンパウダー … 小さじ1/2
- カルダモンパウダー … 小さじ1/2
- クローブパウダー … 小さじ1/2

C
- プレーンヨーグルト … 30g
- はちみつ … 40g
- ラム酒 … 大さじ1
- ドライいちじくの赤ワイン煮のシロップ … 大さじ1

作り方

1 ドライいちじくの赤ワイン煮からいちじくを取り出し4等分に切り、クルミも4等分に、ドライクランベリーは半分に切ります。

2 ボウルにバターを入れ、ブラウンシュガーを2〜3回に分けて加えながら、ゴムべらで底から返すように、空気を含ませるようなイメージでふんわりしてくるまで混ぜ合わせます（ハンドミキサーでもOK）。

3 卵を溶き、**2**に少しずつ加えながら、さらに混ぜ合わせます（ハンドミキサーでも可）。

4 **3**にBを3回に分けてふるい入れながら、その都度ゴムべらで切るように、粉けが少し残るくらいの状態まで混ぜ合わせます。

5 **4**に**1**を加えてゴムべらで混ぜ合わせ、Cも順に加え、底から返すようにクリーム状になるまで混ぜます。

6 型に**5**を入れてパレットナイフで表面をならし、オーブンに入れます。温度を170℃に下げ、30〜35分焼きます。中心に竹串を刺して生地がついてこなければ焼き上がり（生地がついたら3分ずつ様子を見ながらさらに焼いてください）。

7 型ごとケーキクーラーにのせ、粗熱が取れたら型からはずして完全に冷まします。

準備

- ケーキを作り始める3日〜1週間前に、ドライいちじくの赤ワイン煮を作ります。鍋にAを入れて中火にかけ、沸騰したら弱火にして1分煮て火を止めます。冷めたら保存容器に液体ごと入れて冷蔵庫で保存します。
- バターを室温でやわらかくします（指で押したときあとが残る程度）。
- 型の内側の側面にバター（分量外）を薄く塗り、オーブンシートを敷きます。
- オーブンを180℃に予熱します。

食べ頃と日持ち

◎ 完全に冷めてからラップで包み1日くらいおくと、全体がしっとりし、徐々に味がなじんでさらにおいしくなるので、その変化もぜひ味わってみてください。

◎ 保存容器に入れて冷蔵庫で1週間。

Caramel Ginger Cake

材料（縦21×横9×高さ6cmのパウンド型1台分）

＜キャラメルクリーム＞
- A ┌ グラニュー糖 … 40g
    └ 水 … 大さじ1
- B ┌ バター（食塩不使用）a … 10g
    └ 生クリーム（乳脂肪分38％以上）… 60g
- 塩 … 1g

＜スポンジ生地＞
- バター（食塩不使用）b … 100g
- 粉糖 … 50g
- アーモンドパウダー … 90g
- はちみつ … 20g
- 卵黄 … 40g
- ジンジャージャム（P42参照）… 大さじ2

＜メレンゲ＞
- 卵白 … 50g
- グラニュー糖 … 25g

中力粉 … 55g

準備
- バターbを室温でやわらかくします（指で押したときあとが残る程度）。
- 型の内側の側面にバター（分量外）を薄く塗り、オーブンシートを敷きます。
- オーブンを170℃に予熱します。

作り方

1. キャラメルクリームを作ります。小鍋にAを入れ、混ぜずに弱火にかけ、香ばしい香りが立ち上り濃いキツネ色になったら火を止めます（高温になるので注意してください）。Bを加え、再び弱めの中火にかけ、ゴムべらで混ぜながらキツネ色になるまで加熱します。最後に塩を加えて火を止め、ボウルに移して冷まします。

2. スポンジ生地を作ります。ボウルにスポンジ生地の材料を順番に加えながら、その都度ゴムべらで底から返すように、空気を含ませるようなイメージで混ぜ合わせ、最後に1を加えて、白っぽくふんわりしてくるまで混ぜ合わせます（ハンドミキサーでもOK）。

3. メレンゲを作ります。ボウルに卵白を入れ、グラニュー糖を少しずつ加えながら泡立て器で（ハンドミキサーでもOK）、ツノがしっかり立つくらいまで泡立てます。

4. 2に3の半量を加え、ゴムべらで底から返すように空気を含ませるようなイメージで混ぜ合わせます。

5. 4に中力粉の半量を加えて同じように混ぜ、残りのメレンゲと中力粉も順に加え、その都度、ゴムべらで底から返すように空気を含ませるようなイメージでなめらかになるまで混ぜ合わせます。

6. 型に5を入れてパレットナイフで表面をならし、オーブンに入れます。

7. オーブンの温度を160℃に下げ、55分焼きます。中心に竹串を刺して生地がついてこなければ焼き上がり（生地がついたら3分ずつ様子を見ながらさらに焼いてください）。型ごとケーキクーラーにのせ、粗熱が取れたら型からはずして完全に冷まします。

 食べ頃と日持ち

◎ 完全に冷めてからラップで包み1日くらいおくと、全体がしっとりし、徐々に味がなじんでさらにおいしくなるので、その変化もぜひ味わってみてください。

◎ 保存容器に入れて冷蔵庫で1週間。

Part1：日持ちのする菓子

キャラメルジンジャーケーキ

スッとした香りとピリッとした刺激が特徴のジンジャーは、イギリスでお菓子によく使われる素材です。ここでは、自家製のジンジャージャムにほろ苦いキャラメルを合わせて、しっとり味わい深いパウンドケーキを作りました。ベーキングパウダーは使わず、メレンゲで生地をふくらませた、ふんわり食感も楽しんでくださいね。

Part1 : 日持ちのする菓子

Dry Fig, Walnut and Stilton Biscuits

ドライフィグと胡桃の スティルトンビスケット

「タイニートリアティールーム」ではイギリスが誇る世界3大ブルーチーズのひとつ「スティルトン」を使ったビスケットを焼いています。ねっとりと濃厚な旨みの中にピリッと現れるほろ苦さといちじくの甘み、クルミのこうばしさを合わせました。強い薫香を持つ紅茶「ラプサンスーチョン」がよく合います。

材料(14枚分)

- ドライいちじく … 4個
- クルミ … 4粒
- バター(食塩不使用) … 110g
- スティルトンチーズ … 180g(その他のブルーチーズで代用可)
- 中力粉 … 150g
- 粗挽き黒こしょう … 小さじ1
- 冷水 … 大さじ1
- 溶き卵 … 大さじ1
- 強力粉 … 適量(打ち粉用)

準備

- バターを室温でやわらかくします(指で押したときあとが残る程度)。
- スティルトンチーズを室温でやわらかくします。
- 天板にオーブンシートを敷きます。
- オーブンを185℃に予熱します。

作り方

1. ドライいちじくを8mm角に、クルミは5mm角に刻みます。
2. ボウルにバターとスティルトンチーズを入れ、ゴムべらで練るように混ぜます。全体が混ざってきたら底から返すように、なめらかになるまで混ぜ合わせます(ハンドミキサーでもOK)。
3. 2に中力粉を3回に分けてふるい入れながら、ゴムべらでさっくりと切るように、粉けが少し見えるくらいの状態まで混ぜ合わせます。ドライいちじくとこしょうと冷水を加え、ゴムべらで混ぜ合わせてから、手で生地全体を優しくまとめます。
4. 台に打ち粉をし、3を置き、転がしながら直径4cmの棒状に成形します。ラップで包んでからさらに転がし、真っすぐに形を整えて冷蔵庫で1時間ほど冷やします。
5. 4のラップを取り、表面にはけで溶き卵を塗り、クルミを全面にまぶします。
6. 5を1cmの厚さに切り、天板にのせオーブンに入れます。温度を175℃に下げて13分焼きます。

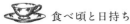 食べ頃と日持ち

◎ 作りたてから7日目まで。
◎ 保存容器に入れて常温で約1週間。

Rosemary, Black Pepper and Cheddar Biscuits

ローズマリーと黒胡椒の
チェダービスケット

ナッツのような芳醇な風味とともに爽やかな酸みがある、チェダーチーズを使ったビスケットも お店で人気。鼻の奥にツンとぬけるローズマリーの清涼感と黒こしょうの刺激が好相性。 旨みの詰まったサクサクとした食感が楽しい、小さくて食べやすいセイボリービスケットです。

材料(20個分)

- バター(食塩不使用)…50g
- チェダーチーズ…50g
- A
  - 薄力全粒粉…40g
  - 中力粉…35g
  - 米粉…5g
- B
  - 生のローズマリーの葉…1g(細かく刻む)
  - 粗挽き黒こしょう…1g
  - 塩…0.5g
- 卵黄…5g
- 強力粉…適量(打ち粉用)

準備

- バターは5mm程度の薄切りにし、冷蔵庫で冷やします。
- チェダーチーズはグレーターやおろし金などで細かくおろしてから冷やします。
- 天板にオーブンシートを敷きます。
- オーブンを180℃に予熱します。

作り方

1. ボウルにAをふるい入れ、冷やしておいたバターを加え、カードで切るように混ぜ込みポロポロした状態になってきたら、両手の指先で粉とバターをすり合わせ、バターの小さな粒が少し残るくらいで、かつ全体をパン粉状にします。
2. 1に冷やしておいたチェダーチーズとBを加えてカードで切るように混ぜ合わせ、卵黄を加え、フォークでざっと混ぜ合わせたら、手で軽くこねてひとまとめにします。
3. 台に打ち粉をし、2を置き、転がしながら一辺約2cmの四角状に成形します。ラップで包んでからさらに転がし、真っすぐに形を整えて冷蔵庫で1時間ほど冷やします。
4. 3のラップを取り、1cmの厚さに切り、天板にのせオーブンに入れます。温度を170℃に下げて15分焼きます。

 食べ頃と日持ち

◎ 作りたてから7日目まで。
◎ 保存容器に入れて常温で約1週間。

いろいろ使える便利素材

ティールームで、いろいろなお菓子に使っている便利な素材をご紹介。ジンジャージャムとシロップは、紅茶やヨーグルトに入れてもおいしく、多めに作っておくと便利です。

ジンジャージャム&ジンジャーシロップ

「ジンジャージャム&シロップ」はしょうがのトロッとしたシロップの中に身の部分が残っている状態で仕上げて、シロップと身（ジャム）をそれぞれお菓子作りに使っています。

材料（作りやすい分量）

しょうが … 450g（皮をむいた正味）
グラニュー糖 … 360g
レモン汁 … 大さじ1

作り方

1. しょうがを3mm角に切って鍋に入れ、グラニュー糖をまぶして室温で30分程度、水分が出てくるまでおきます。
2. 1を中火にかけ、沸騰したら、中くらいの強火にして40分、ふたをして時々混ぜながら煮ます。
3. 2を強火にして3分、水分を飛ばすように煮て火を止め、レモン汁を加えて混ぜ合わせます。そのまま冷ましてから、冷蔵庫で保存します。

食べ頃と日持ち

◎ 冷めてから2週間。
◎ 保存容器に入れて冷蔵庫で約2週間。

ジンジャージャムを使うお菓子

「キャラメルジンジャーケーキ」（P36）、「ルバーブとジンジャーのクランブルケーキ」（P60）、「クランブルチャイケーキ」（P68）、「トリプルジンジャーケーキ」（P90）。

ジンジャーシロップを使うケーキ

「ルバーブとジンジャーのクランブルケーキ」（P60）、「クランブルチャイケーキ」（P68）、「トリプルジンジャーケーキ」（P90）。

ミックススパイス

イギリスの人気ティールーム「Bettys」のミックススパイスをイメージして作った、オリジナルレシピを特別にお教えします。
市販品を使う場合は、カレー用ではなく製菓用を選んでくださいね。

材料（作りやすい分量）

シナモンパウダー … 12.5g
ジンジャーパウダー … 5g
コリアンダーパウダー … 5g
ナツメグパウダー … 2.5g
フェンネルパウダー … 2.5g
クローブパウダー … 1.25g
カルダモンパウダー … 1.25g

作り方

すべての材料を混ぜたら、保存容器に入れる。

ミックススパイスを使うお菓子

「ティーローフ」（P32）、「スパイスアップルケーキ」（P66）、「クランブルチャイケーキ」（P68）、「クリスマスプディング」（P78）、「ミンスパイ」（P82）。

日持ち

◎ 保存容器に入れて冷蔵庫で約1カ月間。

Part2
季節を味わう
ティールームの菓子

この章では、季節のアフタヌーンティーやレッスンで
提供してきたお菓子を中心に紹介しています。
特にベリー類や柑橘、りんごなど旬の果物やハーブを
使ったケーキやプディングは人気が高く、
「今年もあのお菓子はありますか？」と
お問い合わせをいただくことも。
季節を感じるお菓子作りを楽しみながら、
味わっていただけたらと思っています。

初夏から夏の菓子

イギリスの夏は短い。だから、みんな、夏を思い切り楽しみます。当ティールームでも、旬の短い杏やルバーブ、ベリーなど夏を感じる果物を使ったお菓子をたくさん提供します。

Summer

Summer Pudding
サマープディング（作り方P46）

サマープディング

材料（直径7cmのプリンカップ3個分）

冷凍ミックスベリーa … 500g
グラニュー糖 … 100g
フレッシュミント … 3枝
レモン汁 … 大さじ1/2
食パン（サンドイッチ用12枚切り）… 9枚
冷凍ミックスベリーb … 適量（飾り用）
（好みで）バニラアイスクリーム … 適量

準備

- ボウルに冷凍ミックスベリーaとグラニュー糖を入れ、ざっと混ぜて常温で約1時間おきます。

作り方

1 約1時間おいたベリーの水分が出てきたら鍋に入れ、ミントを枝ごと加えます。強めの中火にかけ、ゴムべらで混ぜながら1分煮て火を止めレモン汁を加えて混ぜ合わせます。ざるにあげ、ベリーとベリー液を分け、ミントは液に入れておきます。

5 プリンカップ1個につき、4枚に切った食パンと6cmの丸型で抜いた切れ端1枚、合計5枚をベリー液に浸してから、カップの側面に少しずつずらしながら貼り付けます。

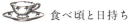 食べ頃と日持ち

◎ 作りたてから2日目まで。
◎ デコレーションをする前のラップに包んだ状態で冷蔵庫で約2日間。

Part2：初夏から夏の菓子

ジューシーなベリーがたっぷり詰まった冷たいサマープディングは、イギリスの夏の風物詩。
難しそうな見た目に反して食パンで簡単に作れ、オーブンを使わないので
暑い夏にはうってつけです。庭や道端でラズベリーやブラックベリーを山盛り収穫できる
イギリスならではの菓子ですが、冷凍のミックスベリーで作れます。
冷たいバニラアイスクリームを添えてもおいしい。

食パンは直径8cmの丸型で3枚、6cmの丸型で3枚型抜きします。6cmの丸型で抜くパンは、残りの部分も使用するので、型を角に寄せて抜いてください。

残りの食パン3枚は、十字に切って4分割します。

直径6cmの食パンをベリー液に浸し、3個のプリンカップの底に敷きます。

5の3個のプリンカップに1のベリーを均等に詰めます。

8cmの型で抜いたパンをベリー液に浸してから上にのせ、軽く押さえて中の空気を抜きます。

7をラップでしっかり包み、冷蔵庫で1時間からひと晩冷やします。ラップをはずし、カップとプディングの間に小さなナイフを差し込み、少し空気を入れてから、逆さにしてお皿の上にのせ、カップからはずします。冷凍ミックスベリーbを飾り、好みでバニラアイスクリームを添えます。

Part2 : 初夏から夏の菓子

Chocolate Biscuit Cake

チョコレートビスケットケーキ

ビスケットをチョコレートで固めたオーブンいらずの簡単なお菓子です。ウイリアム皇太子は、このケーキが大好物で、結婚式の花婿用ケーキとして選んだといわれています。それにちなみロイヤルウェディングが行われた6月には、ティールームでも、初夏のアフタヌーンティーメニューとして提供しています。

材料（15cmの丸型1台分）

バター（食塩不使用）… 190g
ゴールデンシロップ … 135g
ココアパウダー（無糖）… 33g
ダークチョコレート（製菓用）a … 67g
ダイジェスティブビスケット … 253g
ドライいちじく … 56g（1cm角に切ります）
グリーンピスタチオ … 33g
＜デコレーション用＞
ダークチョコレート（製菓用）b … 168g

＊ティールームではカカオ成分70％以上のものを使用しています。

準備

- 型（底取れタイプ）の内側全体にラップを敷き込みます。

作り方

1. 鍋にバターとゴールデンシロップを入れ、沸騰させないように弱めの中火にかけて溶かします。
2. **1**を火からおろして、ココアパウダーとダークチョコレートaを加え、なめらかになるまでゴムべらで混ぜます。
3. ビスケットは大きめに粗く砕き、ドライいちじく、ピスタチオとともに**2**に加え、ゴムべらでよく混ぜ合わせます。
4. 型に**3**を入れ、ゴムべらで押し固めます。粗熱が取れたら冷蔵庫に入れ、表面が完全に固まるまで2時間程度冷やし、型から取り出します。
5. 鍋にダークチョコレートbを入れて中火にかけて溶かし、**4**の表面にスプーンなどで塗ります。再度冷蔵庫でよく冷やしてから食べます。

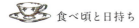 食べ頃と日持ち

◎ 作りたてから5日目まで。
◎ 保存容器に入れて冷蔵庫で約5日間。

MEMO

ビスケットはお好みのものでOKですが、当ティールームでは、全粒粉入りでザクザクした食感があるダイジェスティブビスケットを使っています。

Apricot Crumble Cake

材料（18cmの角型1台分）

杏 … 8～10個（半分に割って型に敷き詰められる量）

＜クランブル＞
A ［ バター（食塩不使用）a … 40g
　　 中力粉 … 50g
　　 塩 … ひとつまみ ］
グラニュー糖 … 45g

＜アーモンドスポンジ＞
バター（食塩不使用）b … 100g
グラニュー糖 … 60g
きび砂糖 … 40g
卵 … 100g
バニラオイル … 2.5g
B ［ 中力粉 … 80g
　　 アーモンドパウダー … 20g
　　 ベーキングパウダー … 小さじ1/2
　　 塩 … ひとつまみ ］
カルダモンシード … 2個（さやを割って中の小さな種を使用します）

準備
- バターa、bを室温でやわらかくします（指で押したときあとが残る程度）。
- 型の内側の側面にバター（分量外）を薄く塗り、オーブンシートを敷きます。
- オーブンを190℃に予熱します。

作り方

1 クランブル（P67の作り方1参照）を作ります。

2 杏は皮をむかずに洗い、筋に沿ってナイフでぐるりと切り込みを入れてから、両手でひねるようにして半分に割り、中の種をナイフではずします。

3 アーモンドスポンジを作ります。ボウルにバターbを入れてグラニュー糖ときび砂糖を2～3回に分けて加えながら、ゴムべらで底から返すように、空気を含ませるようなイメージでふんわりしてくるまで混ぜ合わせます（ハンドミキサーでもOK）。

4 卵とバニラオイルをフォークで混ぜ、3に少しずつ加えながらさらに混ぜ合わせます。

5 4にBを3回に分けてふるい入れながら、その都度ゴムべらでさっくりと切るように粉けが見えなくなってなめらかになるまで混ぜ合わせます（混ぜすぎないようにしてくださいね）。

6 型に5を入れてパレットナイフで表面をならし、杏をカット面を上にして全面にのせます。

7 6の杏の上にクランブルを広げて入れ、カルダモンシードを散らします。

8 7をオーブンに入れてから、温度を180℃に下げ、40分焼きます。中心に竹串を刺して生地がついてこなければ焼き上がり（生地がついたら3分ずつ様子を見ながらさらに焼いてください）。型ごとケーキクーラーにのせ、粗熱が取れたら型からはずします。

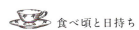 食べ頃と日持ち

◎ 作りたてから3日目まで。
◎ 保存容器に入れて冷蔵庫で約3日間。

杏のクランブルケーキ

6月に入り店頭に並び始めたかと思うと、2週間ほどで姿を消してしまう果物、杏。生のままではぼんやりした味ですが、加熱すると酸みが出て、とろける食感、愛らしいオレンジ色は、焼き菓子にしてこそ知ることのできる杏だけの魅力。
清涼感あるカルダモンを散らして、アクセントをつけています。

Pineapple and Ginger Upside-down Cake

材料（15cmの丸型1台分）

＜パイナップルのコンポート＞
パイナップル（生）… 280g
A ┌ グラニュー糖 … 70g
  │ レモン汁 … 30g
  └ しょうがの薄切り … 20g

＜キャラメルソース＞
B ┌ グラニュー糖 … 50g
  └ 水 … 25g

＜アーモンドスポンジ＞
バター（食塩不使用）… 83g
グラニュー糖 … 83g
卵 … 75g
C ┌ 中力粉 … 62g
  │ アーモンドパウダー … 42g
  └ ベーキングパウダー … 小さじ1
牛乳 … 10g

準備

- バターを室温でやわらかくします。
- 型にオーブンシートを敷きます。焼いている間にキャラメルがもれないよう、オーブンシートは大きめの1枚に切って型をすっぽりおおうように敷き込んでください。
- オーブンを170℃に予熱します。

作り方

1. パイナップルのコンポートを作ります。パイナップルを5mm厚さ程度のいちょう切りにします。鍋にAを入れ強火で沸騰させてからパイナップルを加え、中火でふたをせず5分煮て火を止め、そのまま冷ましてからざるに上げ、水分を切っておきます。

2. キャラメルソースを作ります。小鍋にBを入れ、混ぜずに弱火にかけます。こうばしい香りが立ち濃いキツネ色になったら火を止め（高温になるので注意してください）、型にすぐに流し込み、へらなどは使わずに型を傾けながらソースを広げます。底一面に広がらなくてもOKです。

3. 2に1を隙間なく敷き詰めます。

4. アーモンドスポンジを作ります。ボウルにバターを入れ、グラニュー糖を2〜3回に分けて加えながら、その都度ゴムべらで底から返すように、空気を含ませるようなイメージでふんわりしてくるまで混ぜ合わせます（ハンドミキサーでもOK）。卵を溶いて少しずつ加えながらさらに混ぜ合わせます。

5. 4にCを3回に分けてふるい入れながら、その都度ゴムべらでさっくりと切るように混ぜ合わせます。粉けが少し見えるくらいの状態で牛乳を加え、さらになめらかになるまで混ぜます。なめらかになったら3の型に入れてパレットナイフで表面をならし、オーブンに入れます。

6. オーブンの温度を160℃に下げ、30〜45分焼きます。中心に竹串を刺して生地がついてこなければ焼き上がり（生地がついたら3分ずつ様子を見ながらさらに焼いてください）。

7. 型ごとケーキクーラーにのせ、粗熱が取れたらお皿を型にのせてひっくり返し、型からはずします。

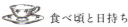 食べ頃と日持ち

◎ 作りたてから3日目まで。
◎ 保存容器に入れて冷蔵庫で約3日間。

― MEMO ―
やわらかい状態ではパイナップルが切りにくいので、30分ほど冷凍庫へ入れてから切るといいでしょう。

Part2 : 初夏から夏の菓子

パイナップルとジンジャーの
アップサイドダウンケーキ

しょうがのスパイシーさがパイナップルの濃厚な甘みを
引き立たせる、トロピカルな味わいのアップサイドダウンケーキ。
パイナップルの甘みからキャラメルのほろ苦さ、そしてリッチな
バターケーキへ。連なる味のグラデーションをぜひ味わって。

グーズベリーと
エルダーフラワーのケーキ

素材を混ぜていくだけのイギリス菓子らしいとっても簡単なケーキ！
イギリスでは一般の家庭のお庭でよく見かけるグーズベリー（西洋スグリ）。日本では主に北海道で栽培されており、夏の始まりのごく短い期間だけ入手できる稀少な果物。ネット通販で購入することができます。
生食するには酸っぱく、ジャムやケーキにすると、この酸みが他のどの果物とも異なる、華やかで奥深い味わいが生まれます。

Part2：初夏から夏の菓子

Gooseberry and Elderflower Cake

材料（15cmの丸型1台分）

A ┌ グーズベリー … 105g（ヘタが付いていたら取り除きます）
  └ グラニュー糖 … 18g

B ┌ グラニュー糖 … 95g
  │ プレーンヨーグルト … 35g
  │ エルダーフラワーコーディアル … 大さじ1と1/2
  └ 卵 … 80g

C ┌ 中力粉 … 70g
  │ アーモンドパウダー … 35g
  │ ベーキングパウダー … 小さじ1
  └ 塩 … ひとつまみ

菜種油 … 55g

＜エルダーフラワーシロップ＞

D ┌ グラニュー糖 … 18g
  └ 水 … 20g

エルダーフラワーコーディアル … 大さじ1と1/2

準備

- 型（底取れタイプ）の内側の側面にバター（分量外）を薄く塗り、底と側面にオーブンシートを敷きます。
- オーブンを180℃に予熱します。

作り方

1 ボウルにAを入れてゴムべらでよく混ぜます。
2 別のボウルにBを入れてゴムべらでよく混ぜます。Cを2～3回に分けてふるい入れながら、その都度ゴムべらでさっくりと切るように混ぜ、なめらかになるまで底から返すように、空気を含ませるようなイメージで混ぜ合わせます。菜種油を加え、ゴムべらで全体を混ぜ合わせます。
3 型に2を入れてパレットナイフで表面をならし、1を表面に散らしてから生地に軽く押し込み、オーブンに入れます。
4 オーブンの温度を170℃に下げ、40～50分焼きます。中心に竹串を刺して生地がついてこなければ焼き上がり（生地がついたら3分ずつ様子を見ながらさらに焼いてください）。途中で表面が焦げそうになったらアルミ箔をかぶせてください。
5 エルダーフラワーシロップを作ります。小鍋にDを入れ、中火で加熱し、沸騰したら弱火で5分煮ます。火を止め、エルダーフラワーコーディアルを加えて混ぜ合わせます。
6 型ごとケーキクーラーにのせ、熱いうちに竹串で表面全体を刺して小さな穴をたくさんあけます。すぐに5のシロップをはけで表面に塗ります。全量を一気に塗るのではなく、はけで何度も重ねるように少しずつ染み込ませてください。粗熱が取れたら型からはずして完全に冷まします。

> MEMO
>
> グーズベリーは熟してくると赤みを帯びてやわらかくなり酸みも減ります。もちろん使用できますが、なるべく完熟前の黄緑色の状態のものを使いたいので、入手したらヘタを取り除いてすぐに冷凍してしまいましょう。
>
>
>
>
>
> エルダーフラワーコーディアルは、エルダーフラワーの花を砂糖と煮詰めて、レモン果汁などで風味をつけて作る、イギリスの伝統的なシロップです。お菓子に入れるほか、炭酸水などで割って楽しみます。

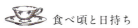 食べ頃と日持ち

◎ 作りたてから3日目まで。
◎ 保存容器に入れて冷蔵庫で約3日間。

Part2 : 初夏から夏の菓子

バノフィーパイ

お客様から「バノフィー」ってどういう意味ですか？と質問されて、自分が作った言葉でもないのになぜか得意げに答えてしまうのは、「バナナ」と「トフィー」を合わせて「バノフィー」だなんて、あまりにもシンプルにこのパイの構成を伝えているから！このレシピでは、本来の作り方では3時間以上かかるトフィークリームを手軽に作れるようにアレンジしています。

Banoffee Pie

材料（直径15×高さ3.6cmのタルト型1台分）

<スウィートペイストリー>（作りやすい分量）
中力粉 … 100g
塩 … 1g
バター（食塩不使用）… 60g
グラニュー糖 … 15g
冷水 … 20g～

<トフィークリーム>
A [
コンデンスミルク … 80g
バター（食塩不使用）… 24g
ブラウンシュガー … 20g
塩 … ひとつまみ
]

<ホイップクリーム>
B [
生クリーム（乳脂肪分38％以上）
　… 100g
グラニュー糖 … 小さじ1/2
インスタントコーヒー … ひとつまみ
]

バナナ … 中サイズ1本と縦に切ったもの1/2本
ダークチョコレート（製菓用）… 適量
＊ティールームではカカオ成分70％以上のものを使用しています。
強力粉 … 適量（打ち粉用）

準備

- スウィートペイストリー（P64参照）を作って冷蔵庫で冷やします。
- 型（底取れタイプ）の内側にバター（分量外）を薄く塗り、全面に強力粉（分量外）をふります。
- オーブンを190℃に予熱します。

作り方

1　台に打ち粉をし、冷やしておいたスウィートペイストリーを置き、めん棒で2mmの厚さの丸形にのばします。型に敷き込み、型の外にはみ出た生地は包丁で切ります。型ごと冷蔵庫で30分冷やします。

2　冷蔵庫から取り出し、生地の全面にフォークで穴をあけます。型全体をアルミ箔でおおい、生地が浮かないように重し（タルトストーンや小豆など）を敷き詰めます。型をオーブンに入れてから温度を180℃に下げ、15分焼きます。アルミ箔と重しを取り除き、さらに15分焼きます。型に入れたままケーキクーラーの上に置いて冷まします。

3　トフィークリームを作ります。鍋にAを入れて弱火にかけ、ゴムべらで混ぜながら15分加熱します。とろみが出てきたら火を止め、完全に冷めてから2の中に流し入れ、パレットナイフで表面をならし、冷蔵庫で冷やします。

4　ホイップクリームを作ります。ボウルにBを入れて、泡立て器で軽くツノが立つ程度に泡立てます（ハンドミキサーでもOK）。

5　バナナの皮をむいて中サイズ1本は縦半分に切り、縦に切った1/2本と合わせて3つを3の上に、切った面を下にして並べます。その上に4を、型の中心に山になるようにのせ、表面をパレットナイフで整えます。

6　ダークチョコレートを薄くスライスするように刻み、5のクリームの上に散らし、冷蔵庫でしっかり冷やします。

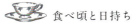 食べ頃と日持ち

◎ 作りたてから2日目まで。
◎ 保存容器に入れて冷蔵庫で約2日間。

バノフィーケーキ

アフタヌーンティー用に「バノフィーパイ」(P56)と
「バナナブレッド」(P20)を掛け合わせて作った、
タイニートリアティールームのオリジナルケーキ。
さらにトッピングのクリームは
「キャロットケーキ」(P14)のクリームを使っています。
寄せ集めですが、とっても簡単でおいしいのです！

Banoffee Cake

材料（15cmの丸型1台分）

バナナ … 中1本（80g）

A
- 中力粉 … 66g
- ベーキングパウダー … 小さじ1/2
- 重曹 … 小さじ1/2
- 塩 … 1g

B
- プレーンヨーグルト … 10g
- 水 … 7g
- バニラオイル … 2g
- 卵 … 50g
- 菜種油 … 70g
  - ＊サラダ油でもOK。
- きび砂糖 … 50g

＜トッピング＞

クリームチーズフロスティング
　（P15キャロットケーキの作り方8参照）
　… 全量

トフィークリーム
　（P57バノフィーパイの作り方3参照）
　… 半量

ダークチョコレート（製菓用）
　… 20g（粗く砕きます）
　＊ティールームではカカオ成分70％以上のものを使用しています。

インスタントコーヒー … 適量

シナモンパウダー … 適量

準備

- 型（底取れタイプ）の内側の側面にバター（分量外）を薄く塗り、底と側面にオーブンシートを敷きます。
- オーブンを190℃で予熱します。

作り方

1. ボウルにバナナを入れ、手で（マッシャーなどでもOK）つぶします。全体がクリーム状で、ところどころ5mmくらいの粒が混ざっている状態にします。
2. 別のボウルにBを入れ、泡立て器ですべての材料がなじんでなめらかになるまで混ぜます（ハンドミキサーでもOK。その場合、最初は低速で、徐々に中速まで速度を上げてください）。
3. 2のボウルに1を加え、ゴムべらで全体に混ぜ込みます。
4. 3にAを2回に分けてふるい入れながら、ゴムべらでさっくりと切るように、粉けが見えなくなってトロッとやわらかいクリーム状になるまで混ぜ合わせます（混ぜすぎないようにしてくださいね）。
5. 型に4を入れ、型ごと10cmくらいの高さから2〜3回落として生地の中の空気を抜き、オーブンに入れます。
6. オーブンの温度を180℃に下げ20分焼きます。中心に竹串を刺して生地がついてこなければ焼き上がり（生地がついたら3分ずつ様子を見ながらさらに焼いてください）。型ごとケーキクーラーにのせ、粗熱が取れたら型からはずして完全に冷まします。
7. ケーキの上にクリームチーズフロスティングをのせ、パレットナイフでふんわり広げます。トフィークリームをかけ、ダークチョコレートを散らし、インスタントコーヒーとシナモンパウダーをふりかけます。

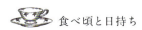 食べ頃と日持ち

◎ 作りたてから2日目まで。
◎ 保存容器に入れて冷蔵庫で約2日間。

Part2：初夏から夏の菓子

Rhubarb and Ginger Crumble Cake

材料（15cmの丸型1台分）

ルバーブ … 140g
グラニュー糖 … 14g
＜クランブル＞
A ┃ バター（食塩不使用）a … 20g
  ┃ 中力粉 … 25g
  ┃ 塩 … ひとつまみ
グラニュー糖 … 23g
＜スポンジ＞
バター（食塩不使用）b … 70g
グラニュー糖 … 40g
きび砂糖 … 40g
B ┃ 卵 … 70g
  ┃ ジンジャーシロップ（P42）… 10g
C ┃ 中力粉 … 105g
  ┃ ベーキングパウダー … 小さじ1
ジンジャージャム（作り方P42参照）… 20g

準備

- ルバーブは洗って1.5cmに切ってボウルに入れ、グラニュー糖をまぶし、常温で1時間おきます。ペーパータオルの上に取り出し、しっかり水分をきります。
- バターa、bを室温でやわらかくします（指で押したときあとが残る程度）。
- 型（底取れタイプ）の内側の側面にバター（分量外）を薄く塗り、底と側面にオーブンシートを敷きます。
- オーブンを180℃に予熱します。

作り方

1 クランブル（P67の作り方1参照）を作ります。
2 スポンジを作ります。ボウルにバターbを入れ、グラニュー糖ときび砂糖を2〜3回に分けて加えながら、ゴムべらで底から返すように、空気を含ませるようなイメージでふんわりしてくるまで混ぜ合わせます（ハンドミキサーでもOK）。
3 Bをフォークで混ぜ、2に少しずつ加えながらゴムべらで底から返すようにして空気を含ませるように混ぜ合わせます。
4 3にCを3回に分けてふるい入れながら、その都度ゴムべらでさっくりと切るように粉けが見えなくなってなめらかになるまで混ぜ合わせます（混ぜすぎないようにしてくださいね）。
5 4にルバーブの半量とジンジャージャム半量を加え、ゴムべらで混ぜ合わせてから型の中に広げ入れます。
6 残りのルバーブと残りのジンジャージャムを5の表面全体にのせ、その上にクランブルを広げて入れ、オーブンに入れます。
7 オーブンの温度を170℃に下げ、40分焼きます。中心に竹串を刺して生地がついてこなければ焼き上がり（生地がついたら3分ずつ様子を見ながらさらに焼いてください）。型ごとケーキクーラーにのせ、粗熱が取れたら型からはずして完全に冷まします。

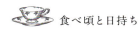 食べ頃と日持ち

◎ 作りたてから3日目まで。
◎ 保存容器に入れて冷蔵庫で約3日間。

ルバーブとジンジャーの
クランブルケーキ

夏、赤いルバーブが出回り始めたら、
自家製のジンジャージャムを使ってこの甘酸っぱい
クランブルケーキを作ります。ルバーブはフキのような
見た目のタデ科の野菜。素朴で野性味あふれる風味と
強い酸みが魅力で、しょうがの辛みとも好相性。

秋の菓子

秋になると一番最初に作りたくなるのはアップルパイ。アップルクランブルケーキ、スパイスアップルケーキなど、りんごの菓子はアフタヌーンティーでも好評です。

Apple Pie

アップルパイ（作り方P64）

Spiced Apple Cake
スパイスアップルケーキ（作り方 P66）

アップルパイ

ティールームでは、アップルパイに、ブラムリーアップルやグラニースミスなど、酸みがしっかり感じられる青りんごを使います。買い求めやすい紅玉も果肉が固く爽やかな酸みがあるのでおすすめです。ザクッとした食感のスウィートペイストリーに甘酸っぱい煮りんごをたっぷり詰めて焼き上げるアップルパイは、紅茶をよりおいしくいただける菓子。

材料(直径15cm×高さ3.6cmのタルト型1台分)

スウィートペイストリー(下記参照)
　…下記の2倍量

＜フィリング＞

りんご…350g(皮と芯を除いた正味)

A ┌ グラニュー糖…20g
　├ ザラメ…20g
　├ シナモンパウダー…小さじ1/4
　└ コーンスターチ…小さじ1

卵白…大さじ1
ザラメ…小さじ1
＊ティールームではミルで軽く挽いています。
強力粉…適量(打ち粉用)

準備

- スウィートペイストリーを2つ作ってからラップで包み冷蔵庫で冷やします。
- 型(底取れタイプ)の内側にバター(分量外)を薄く塗り、全面に強力粉(分量外)をふります。
- オーブンを200℃に予熱します。

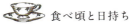 食べ頃と日持ち

◎ 作りたてから3日目まで。
◎ 保存容器に入れて冷蔵庫で約3日間。

スウィートペイストリー

材料(作りやすい分量)

中力粉…100g
塩…1g
バター(食塩不使用)…60g
グラニュー糖…15g
冷水…20g〜

準備

- バターを5mm程度の薄切りにし、冷蔵庫で冷やします。

 日持ち

◎ ラップに包んで冷蔵庫で約2日、冷凍庫で10日間。

作り方

1　ボウルに中力粉と塩を合わせてふるい入れ、冷やしておいたバターを加え、カードで切るように混ぜ込みポロポロの状態にします。

2　両手の指先で1の粉とバターをこすり合わせ(写真a)、バターの小さな粒が少し残るくらいで、かつ全体がサラサラしてきたらグラニュー糖を加えてカードで混ぜ合わせます。

3　2に冷水を少しずつ回し入れながら、その都度カードで切るように混ぜ込みます。水分のある部分に

Part2 : 秋の菓子

作り方

1. フィリングを作ります。りんごは縦8等分に切ってから1cmの厚さのいちょう切りにします。鍋にAとともに入れて混ぜ合わせたら中火にかけ、へらで焦げないよう混ぜながら約10分、りんごに透明感が出て表面が少しやわらかくなったら火を止めて冷まします。

2. 台に打ち粉をし、冷やしておいたスウィートペイストリーを置き、2つともめん棒で2mmの厚さ×直径24cmの丸形にのばします。1枚を型に敷き込みます。型より1cm大きめの部分で生地を切ります。底面全体にフォークで穴をあけます。

3. 2に1のフィリングを入れてならします。上にもう1枚のペイストリーをかぶせ、2と同じように型より1cm大きめの部分で切ります。

4. 2枚のペイストリーが重なった縁の部分の厚みが少し薄くなるように親指と人さし指で挟んだら、内側にひねるように指でクルクルねじっていきます。ペイストリーの表面に包丁で4か所程度、空気穴になる切り目を入れます。

5. 2や3で切って残った生地はめん棒で2mmの厚さにのばし、型抜きや包丁で葉っぱなど好みの形にカットし、表面に切れ目を入れるなどして飾りを作ります。

6. 表面にはけで卵白を塗ってから5の飾りを貼り付け、その部分にも卵白を塗ります。全体にザラメを散らします。型をオーブンに入れてから温度を190℃に下げ、キツネ色の焼き色がつくまで30〜40分焼きます。

パイやタルトに使う、ざくほろ食感の生地です。
焼く前の状態でラップに包んで、冷凍保存できます。

粉をのせるようにして、全体に水分がいき渡るようにします。粉けがなくなればOK。水分が足りなかったら少しずつ冷水を足してもいいでしょう(季節によって水分量は変わります)。

4. ボウルの中で3をひとまとめにして(写真b)、力を入れずに手で優しく丸めラップで包みます。めん棒で軽くのばし(写真c)、平らにしてから冷蔵庫に入れ、1時間からひと晩寝かせます。

> **MEMO**
> スウィートペイストリーは「バノフィーパイ」(P56)、「アップルパイ」(P64)、「ミンスパイ」(P82)、「エクルフェカンタルト」(P86)、「チョコレートベイクウェルタルト」(P96)に使用します。

Part2 : 秋の菓子

材料（15cmの丸型1台分）

りんご … 250g（皮と芯を除いた正味）

A
- ゴールデンシロップ … 110g
- バター（食塩不使用） … 70g
- ブラウンシュガー … 55g
- モラセス（p84参照） … 15g

B
- 中力粉 … 140g
- ベーキングパウダー … 小さじ1/2
- 重曹 … 小さじ1/2
- ミックススパイス … 小さじ1

C
- 牛乳 … 135g
- 卵 … 67g

準備

- 型（底取れタイプ）の内側の側面にバター（分量外）を薄く塗り、底と側面にオーブンシートを敷きます。
- Cを混ぜ合わせます。
- オーブンを180℃に予熱します。

作り方

1 りんごは皮と芯を取り、5mm厚さのいちょう切りにします。
2 鍋にAを入れて弱火にかけ、へらで混ぜながらゆっくり溶かします。火を止めて少し冷まします。
3 2にBをふるい入れながらゴムべらで混ぜ合わせます。粉けがなくなってきたら、Cを加えてなめらかになるまでよく混ぜ合わせます（混ぜすぎないようにしてくださいね）。
4 型に3を入れ、パレットナイフで表面をならし、上にりんごを均等に広げ、オーブンに入れます。
5 オーブンの温度を170℃に下げ、25〜30分焼きます。中心に竹串を刺して生地がついてこなければ焼き上がり（生地がついたら3分ずつ様子を見ながらさらに焼いてください）。型ごとケーキクーラーにのせ、粗熱が取れたら型からはずします。

 食べ頃と日持ち

◎ 作りたてから3日目まで。
◎ 保存容器に入れて冷蔵庫で約3日間。

スパイス
アップルケーキ（写真P63）

「本書のなかで、一番最初に作るなら？」
と聞かれたならば、迷わずこちらをおすすめします！
この味わい深いりんごの菓子は、
イギリスならではの甘味料ゴールデンシロップや
モラセスを使い、混ぜていくだけでできます。
イギリスらしい簡単なレシピです。

アップルクランブル

軽く煮たりんごの上に、クランブルをのせて焼くだけ。シンプルなゆえにりんごのおいしさが十二分に味わえる、秋ならではの温かいスイーツ。焼き立て熱々に冷たい生クリームやアイスクリームを添えて、一緒にいただきましょう。

MEMO
クランブルは「杏のクランブルケーキ」（P50)、「アップルクランブル」（P67)、「苺とショートブレッドのクランブルケーキ」（P98)に使用します。

Apple Crumble

材料（内径、縦23×横16×高さ5cmの耐熱皿1台分）

＜クランブル＞（作りやすい分量）
A ［ バター（食塩不使用）… 40g
    中力粉 … 50g
    塩 … ひとつまみ ］
グラニュー糖 … 45g
りんご … 約2個（約350g、皮と芯を除いた正味）
B ［ グラニュー糖 … 大さじ1
    シナモンパウダー … 小さじ1/4 ］
（好みで）オートミール … 小さじ1
ザラメ … 小さじ1/2
＊ティールームではミルで軽く挽いています。

準備

- バターを室温でやわらかくします（指で押したときあとが残る程度）。
- オーブンを190℃に予熱します。

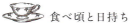 食べ頃と日持ち

◎ 作りたてから2日目まで。
◎ 保存容器に入れて冷蔵庫で約2日間。

作り方

1. クランブルを作ります。ボウルにAを入れ、両手の指先で粉とバターをこすり合わせるようにして（写真a)、全体がサラサラしてきたら、グラニュー糖を加えてざっと混ぜ合わせます。サラサラした生地の一部を手のひらで握るようにして（写真b)、ポロポロしたかたまりをところどころに作ったら完成です（写真c)。

2. りんごは縦8等分に切ってから2cm厚さのいちょう切りにします。鍋にBとともに入れ、へらで全体を混ぜ合わせてから中火にかけます。10分ほど焦げないよう混ぜながら、りんごに透明感が出て表面が少しやわらかくなったら火を止めます。

3. 型に2を入れ、その上に1を全面にのせます。オートミールとザラメを散らします。

4. 3をオーブンに入れてから温度を180℃に下げ、20〜30分、表面がこんがりキツネ色になったら焼き上がり。

a b c

Crumble Chai Cake

材料（15cmの丸型1台分）

＜クランブル＞

A
- バター（食塩不使用）a … 12g
- グラニュー糖 … 6g
- ブラウンシュガー … 6g
- 中力粉 … 15g
- アーモンドパウダー … 15g
- 塩 … ひとつまみ
- シナモンパウダー … ひとつまみ

B
- ホールアーモンド … 17g（粗く刻む）
- かぼちゃの種 … 10g

＜スポンジ＞

ティーバッグ … 1袋
＊フレーバーのついていない紅茶で。

熱湯 … 大さじ1
生クリーム（乳脂肪分38％以上）… 17g

C
- バター（食塩不使用）b … 50g
- きび砂糖 … 45g
- 溶き卵 … 45g

D
- 中力粉 … 45g
- 薄力全粒粉 … 6g
- ベーキングパウダー … 小さじ1/2
- ミックススパイス（P42参照）… 小さじ1/2

E
- ジンジャーシロップ（P42参照）… 大さじ1
- ジンジャージャム（P42参照）… 大さじ1
- モラセス … 小さじ1/3

準備
- バターaを冷凍して薄切りにします。
- バターbを室温でやわらかくします（指で押したときあとが残る程度）。
- 型（底取れタイプ）の内側の側面にバター（分量外）を薄く塗り、底と側面にオーブンシートを敷きます。
- オーブンを180℃に予熱します。

作り方

1. クランブルを作ります。ボウルにAを入れ、両手の指先でこすり合わせてポロポロした状態になったら、ボウルごと冷凍庫に入れておきます。
2. スポンジを作ります。生クリームを電子レンジで約10秒、人肌に温めます。熱湯にティーバッグを浸し、ティーバッグをスプーンで押さえるなどしてぎゅっとしぼって濃い紅茶を作り、生クリームに加えて混ぜます。
3. ボウルにCを入れてゴムべらで混ぜ合わせます（ハンドミキサーでもOK）。
4. 3にDを3回に分けてふるい入れながら、その都度ゴムべらでさっくりと切るように混ぜ、粉が少し見えるくらいの状態で2を加えます。さらにゴムべらで底から返すようにして空気を含ませるように混ぜ合わせます。さらにEを加えて全体に混ぜ合わせます。
5. 型に4を入れてパレットナイフで表面をならし、クランブルを表面全体に散らしてその上からさらにBを散らし、オーブンに入れます。
6. オーブンの温度を170℃に下げ、30～40分焼きます。中心に竹串を刺して生地がついてこなければ焼き上がり（生地がついたら3分ずつ様子を見ながらさらに焼いてください）。型ごとケーキクーラーにのせ、粗熱が取れたら型からはずします。

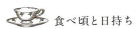 食べ頃と日持ち

◎ 作りたてから3日目まで。
◎ 保存容器に入れて冷蔵庫で約3日間。

Part2：秋の菓子

クランブルチャイケーキ

しっとりとしたミルクテイストのスポンジ生地にスパイスを重ねてチャイ風味に。クランブルに加えたアーモンドやパンプキンシードは、口の中で異なる食感のリズムを奏でます。秋から冬の季節にぴったりの、タイニートリアティールームでしか味わえない、オリジナルなレシピです。

無花果とキャラメルの
アップサイドダウンケーキ

秋に出回るいちじくは、焼くととろりとして濃厚なコクが生まれ、
他のどの果物の味わいとも異なるところが魅力的で大好きです。
ビターなキャラメルソースを組み合わせた、大人っぽい味の
このアップサイドダウンケーキは、ティールームでも特に好評の一品。

Part2：秋の菓子

Fig and Caramel Upside-down Cake

材料（15cmの丸型1台分）

いちじく（生）…2〜3個
クルミ…8粒
＜キャラメルソース＞
A［グラニュー糖…50g
　　水…25g］
＜アーモンドスポンジ＞
バター（食塩不使用）…52g
ブラウンシュガー…48g
グラニュー糖…15g
卵…83g
B［中力粉…52g
　　アーモンドパウダー…10g
　　ベーキングパウダー…小さじ1/2］

準備

- バターを室温でやわらかくします（指で押したときあとが残る程度）。
- 型の内側にバター（分量外）を薄く塗り、オーブンシートを敷きます。焼いている間にキャラメルがもれないよう、オーブンシートは大きめの1枚に切って型をすっぽりおおうように敷き込んでください。
- オーブンを170℃に予熱します。

作り方

1　いちじくは皮をむかずに縦に6〜8等分に切り、クルミは粗く刻みます。

2　キャラメルソースを作ります。小鍋にAを入れ、混ぜずに弱火にかけます。こうばしい香りが立ち濃いキツネ色になったら火を止めます（高温になるので注意してください）。

3　型に2のソースをすぐに流し込み、へらなどは使わずに型を傾けながらソースを広げます。底一面に広がらなくてもOKです。

4　3にいちじくを放射状に隙間なく並べ、クルミを散らします。

5　アーモンドスポンジを作ります。ボウルにバターを入れ、ブラウンシュガーとグラニュー糖を2〜3回に分けて加えながら、ゴムべらで底から返すように、空気を含ませるようなイメージでふんわりしてくるまで混ぜ合わせます（ハンドミキサーでもOK）。卵を溶き、少しずつ加えながらさらに混ぜ合わせます。

6　5にBを3回に分けてふるい入れながら、ゴムべらでさっくりと切るように、粉けが見えなくなってなめらかになるまで混ぜ合わせます。4の型に入れてパレットナイフで表面をならし、オーブンに入れます。

7　オーブンの温度を160℃に下げ、30〜45分焼きます。中心に竹串を刺して生地がついてこなければ焼き上がり（生地がついたら3分ずつ様子を見ながらさらに焼いてください）。型ごとケーキクーラーにのせ、粗熱が取れたらお皿を型にのせてひっくり返し、型からはずします。

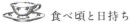 食べ頃と日持ち

◎ 作りたてから3日目まで。
◎ 保存容器に入れて冷蔵庫で約3日間。

― MEMO ―
やわらかい状態では表面のいちじくが切りにくいので、30分ほど冷凍してから切るといいでしょう。

洋梨とキャラメルの
アップサイドダウンケーキ

とろっとした食感、甘いのにさわやかで、他のフルーツ
にはない特別な風味が焼いてもちゃんと残る洋梨。
ビターなキャラメルソースと合わせて、
大人っぽくエレガントな味わいのケーキにしました。
缶詰の洋梨でも、おいしく作ることができます。

Part2 : 秋の菓子

Pear and Caramel Upside-down Cake

材料（15cmの丸型1台分）

洋梨 … 1〜2個

＜キャラメルソース＞

A ┌ グラニュー糖 … 50g
　└ 水 … 25g

＜アーモンドスポンジ＞

バター（食塩不使用）… 52g

ブラウンシュガー … 48g

グラニュー糖 … 15g

卵 … 83g

B ┌ 中力粉 … 52g
　│ アーモンドパウダー … 10g
　└ ベーキングパウダー … 小さじ1/2

準備

- バターを室温でやわらかくします（指で押したときあとが残る程度）。
- 型の内側にバター（分量外）を薄く塗り、オーブンシートを敷きます。焼いている間にキャラメルがもれないよう、オーブンシートは大きめの1枚に切って型をすっぽりおおうように敷き込んでください。
- オーブンを170℃に予熱します。

作り方

1 洋梨の皮と芯を除いて縦に6〜8等分に切ります。

2 キャラメルソースを作ります。小鍋にAを入れ、混ぜずに弱火にかけます。香ばしい香りが立ち濃いキツネ色になったら火を止めます（高温になるので注意してください）。

3 型に2のソースをすぐに流し込み、へらなどは使わずに型を傾けながらソースを広げます。底一面に広がらなくてもOKです。

4 3に1を放射状に隙間なく並べます。

5 アーモンドスポンジを作ります。ボウルにバターを入れ、ブラウンシュガーとグラニュー糖を2〜3回に分けて加えながら、ゴムべらで底から返すように、空気を含ませるようなイメージでふんわりしてくるまで混ぜ合わせます（ハンドミキサーでもOK）。卵を溶き、少しずつ加えながらさらに混ぜ合わせます。

6 5にBを3回に分けてふるい入れながら、ゴムべらでさっくりと切るように、粉けが見えなくなってなめらかになるまで混ぜ合わせます。4の型に入れてパレットナイフで表面をならし、オーブンに入れます。

7 オーブンの温度を160℃に下げ、30〜45分焼きます。中心に竹串を刺して生地がついてこなければ焼き上がり（生地がついたら3分ずつ様子を見ながらさらに焼いてください）。型ごとケーキクーラーにのせ、粗熱が取れたらお皿を型にのせてひっくり返し、型からはずします。

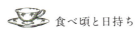 食べ頃と日持ち

◎ 作りたてから3日目まで。
◎ 保存容器に入れて冷蔵庫で約3日間。

―― MEMO ――
やわらかい状態では表面の洋梨が切りにくいので、30分ほど冷凍してから切るといいでしょう。

Part2 : 秋の菓子

Grapes and Almond Cake

葡萄とアーモンドのケーキ

ぶどうは生のまま食べるイメージですが、実は焼くと甘みと風味が強くなり、焼き菓子にはぴったりの果物です。ぶどうの甘い果汁が染み込んでしっとりした部分のスポンジが特においしい！
今回はパープルとグリーンの2種のぶどうを使って、見た目にも味にもメリハリをつけました。

材料（15cmの丸型1台分）

皮ごと食べられるぶどう … 8〜10粒
アーモンドスライス … 10g
＜アーモンドスポンジ＞
バター（食塩不使用）… 45g
グラニュー糖 … 56g
卵 … 56g
A [中力粉 … 50g
　　アーモンドパウダー … 17g
　　ベーキングパウダー … 小さじ1/3
　　塩 … ひとつまみ]
生クリーム（乳脂肪分38％以上）
　　… 大さじ1
粉糖 … 適量（仕上げ用）

準備

- バターを室温でやわらかくします（指で押したときあとが残る程度）。
- 型（底取れタイプ）の内側の側面にバター（分量外）を薄く塗り、底と側面にオーブンシートを敷きます。
- ぶどうを半割りにします。
- オーブンを170℃に予熱します。

作り方

1 ボウルにバターを入れ、グラニュー糖を2〜3回に分けて加えながら、その都度ゴムべらで底から返すように、空気を含ませるようなイメージでふんわりしてくるまで混ぜ合わせます（ハンドミキサーでもOK）。

2 卵を溶いて**1**に少しずつ加えながら、さらに混ぜ合わせます。

3 **2**にAを3回に分けてふるい入れながら、その都度ゴムべらでさっくりと切るように、粉けが少し見えるくらいの状態まで混ぜ合わせます。

4 **3**に生クリームを加え、ゴムべらで底から返すように、なめらかなクリーム状になるまで混ぜ合わせます（混ぜすぎないようにしてくださいね）。

5 型に**4**を入れ、パレットナイフで表面をならし、ぶどうを表面にのせて（ぶどうは自然に沈むので押さえつけずにそっとのせます）、アーモンドスライスを散らし、オーブンに入れます。

6 オーブンの温度を160℃に下げ、25〜30分焼きます。中心に竹串を刺して生地がついてこなければ焼き上がり（生地がついたら3分ずつ様子を見ながらさらに焼いてください）。

7 型ごとケーキクーラーにのせ、粗熱が取れたら型からはずします。仕上げに粉糖を茶こしでそっとふるいかけます。

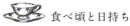 食べ頃と日持ち

◎ 作りたてから3日目まで。
◎ 保存容器に入れて冷蔵庫で約3日間。

Coffee and Pumpkin Cake

材料(15cmの丸型1台分)

A
- 中力粉 … 113g
- ベーキングパウダー … 小さじ2/3
- 塩 … 小さじ1/4
- シナモン … 小さじ1/2
- ナツメグ … 小さじ1/4

B
- ブラウンシュガー … 40g
  *きび砂糖でもOK。
- グラニュー糖 … 95g
- 菜種油 … 56g
  *サラダ油でもOK。
- 水 … 35g
- 卵 … 56g
- レモン(国産)の皮のすりおろし … 1個分

かぼちゃ … 75g(皮と種、わたを除いた正味)

<コーヒーバタークリーム>

C
- インスタントコーヒー … 小さじ1
- 熱湯 … 小さじ1

バター(食塩不使用) … 70g
粉糖 … 55g
バニラオイル … 小さじ1/2

<飾り用>
(あれば)かぼちゃの種 … 適量
インスタントコーヒー … 適量

準備
- バターを室温でやわらかくします(指で押したときあとが残る程度)。
- 型(底取れタイプ)の内側の側面にバター(分量外)を薄く塗り、底と側面にオーブンシートを敷きます。
- Cを合わせて冷まします。
- オーブンを180℃に予熱します。

作り方

1 かぼちゃは1cm程度の薄切りにし、やわらかくなるまでゆでるか、ラップをして電子レンジで約2分、やわらかくなるまで加熱してから裏ごしします。

2 ボウルにBとかぼちゃを入れ、泡立て器で、全体がなじんでなめらかになるまで混ぜ合わせます(ハンドミキサーでもOK)。

3 2のボウルにAを2回に分けてふるい入れながら、ゴムべらでさっくりと切るように、粉けが見えなくなってなめらかになるまで混ぜ合わせます(混ぜすぎないようにしてくださいね)。

4 型に3を入れ、型ごと10cmくらいの高さから2~3回落として生地の中の空気を抜き、パレットナイフで表面をならし、オーブンに入れます。

5 オーブンの温度を170℃に下げ、20~25分焼きます。中心に竹串を刺して生地がついてこなければ焼き上がり(生地がついたら3分ずつ様子を見ながらさらに焼いてください)。型ごとケーキクーラーにのせ、粗熱が取れたら型からはずして完全に冷まします。

6 コーヒーバタークリームを作ります。ボウルにバターを入れ、粉糖を2~3回に分けて加えながら、その都度ゴムべらで底から返すようにして空気を含ませるように混ぜ合わせます(ハンドミキサーでもOK)。Cとバニラオイルも加え、さらに空気を含ませるようなイメージでふんわりしてくるまで混ぜ合わせます。

7 5の上に6をパレットで塗り広げ、あれば飾り用のかぼちゃの種を粗く刻んで表面にのせ、インスタントコーヒーをふって仕上げます。

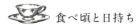 食べ頃と日持ち

◎ 作りたてから2日目まで。
◎ 保存容器に入れて冷蔵庫で約2日間。

Part2 : 秋の菓子

コーヒー&パンプキンケーキ

ハロウィンが近づいてくるとやっぱり作りたくなるかぼちゃの菓子。この時期タイニートリアティールームでは、かぼちゃを練り込んだスポンジケーキにコーヒーバタークリームをのせた、濃厚な味わいのケーキを作ります。生地にレモンを加えることでかぼちゃの野暮ったさを少し洗練された味わいにしています。

77

冬の菓子

12月になるとティールームにツリーを飾り、クリスマスプディングやミンスミートの仕込みで大忙し。店内にスパイスの香りが漂うとクリスマスシーズンの訪れを感じます。

Winter

Christmas Pudding

クリスマスプディング（作り方P80）

クリスマスプディング（写真P78〜79）

蒸して温めたクリスマスプディングに、ブランデーをかけ、火を灯していただくのがイギリスの伝統的なスタイルです(＊火が上がるので、この演出は日本のご家庭ではおすすめできません)。

作り方

1

Bはすべて5mm角程度に切ります。ひと晩おいたAのボウルにBを加えてへらやスプーンで混ぜ合わせ、残りの材料を順に加えながらその都度よく混ぜ合わせます。

材料（口径12×高さ6cm、容量300mℓ程度の耐熱ボウル1個分）

A
- サルタナレーズン … 35g
- レーズン … 20g
- カレンツ … 20g
- ブランデー … 15mℓ

B
- ドライいちじく … 15g
- ドライアプリコット … 10g
- ドライプルーン … 6g
- オレンジピール … 6g
- レモンピール … 6g
- りんご（皮付き）… 30g
- バター（食塩不使用）… 26g

- 生パン粉 … 26g
- 小麦粉 … 16g
- ベーキングパウダー … 1g
- ミックススパイス(P42) … 1g
- ブラウンシュガー … 24g
- オレンジジュース（ストレート）… 12g
- 溶き卵 … 36g

5

ボウルに4をかぶせて縁を輪ゴムで止めます。

プディングを蒸すために必要な道具

蒸し用の耐熱性ボウル(本書では口型12×高さ6cm、容量300mℓ程度のものを使用)が入る鍋とボウルがのる大きさの蒸し台(なければ耐熱性の小皿)、オーブンシート、アルミ箔、輪ゴム。

準備

- 大きめのボウルにAを入れ、表面をラップでぴったりおおってひと晩おきます(全量がブランデーにひたっていなくてもOK)。
- バターを冷凍して切りやすくします。
- 耐熱性ボウルの内側にバター(分量外)を薄く塗り、ボウルの底のサイズに丸く切ったオーブンシートを敷きます。

食べ頃と日持ち

◎ 作ってすぐに食べることもできますが、1〜3カ月ほど寝かせると具材がなじみ、深みのある味わいになります。

◎ 保存容器に入れて冷蔵庫で約1年間。

Part2 : 冬の菓子

11月中旬から下旬くらいに仕込んでクリスマスまで熟成させるのがおすすめですが、
日が浅くても充分おいしくなります。ただし、6時間蒸し上げるのは絶対！
長時間で尻込みするかもしれませんが、素材を混ぜてあとは待つだけ。
ギュッと凝縮して濃厚で深みのある唯一無二の味わいが生まれます。
6時間を楽しみながら仕込みましょう。

2

耐熱性ボウルに**1**を入れます。表面のサイズの丸型にオーブンシートを切り、生地にはりつけるようにのせます。

3

オーブンシートとアルミ箔を25cm角（ボウルの口径の2倍程度の長さ）に切ります。

4

オーブンシートの上にアルミ箔を重ね、オーブンシートとアルミ箔の中心に1cm程度の山を作って畳みます。

6

オーブンシートとアルミ箔を輪ゴムの内側にくるくる巻き込みます。

7

鍋の底に蒸し台（なければ耐熱性の小皿を裏返しにして置く）に、**6**のボウルをのせ、熱湯をボウルの高さの半分より上になるまで、ボウルにかからないよう注意しながら注ぎます。鍋にふたをし、沸々と沸騰した状態を保ちながら6時間蒸します。湯の量が常にボウルの高さの半分より上になるよう、途中で湯を足してください。蒸し上がったボウルを取り出します（とても熱いので、やけどに注意。熱湯が冷めるまでしばらく鍋の中に入れておいてもOK）。

8

取り出したボウルの表面のオーブンシートとアルミ箔、生地にはりつけたオーブンシートを取り、表面の水分を拭き取ります。完全に冷めたらラップで包み、クリスマスまで冷蔵庫で保存します。

<召し上がり方>

❋ 温め直して食べます。柊の葉や赤いベリーなどをのせてクリスマス気分を盛り上げるデコレーションを楽しんだり、トロリと泡立てた生クリームやブランデーバター、バニラアイスクリームなどを添えるのもおすすめです。

❋ 蒸す場合：アルミ箔でボウルの上をおおい、作り方**5～7**と同じように30分から1時間蒸します。

❋ 電子レンジの場合：ボウルから皿に取り出し、オーブンシートをはがしてラップでふんわりとおおい、中心が熱くなるまで約3分温めます。

ミンスパイ

ミンスパイは、イギリスのクリスマスシーズンに欠かせない伝統的なスイーツです。サクサクしたスウィートペイストリー生地に「ミンスミート」を詰めて焼き上げます。生地で全体をおおうのが伝統的なレシピですが、ティールームでは雪の結晶の形で抜いた生地をのせて焼いています。

材料(直径6cmのタルト型10個分)

＜スウィートペイストリー＞(作りやすい分量)
- 中力粉 … 100g
- 塩 … 1g
- バター(食塩不使用) … 60g
- グラニュー糖 … 15g
- 冷水 … 20g〜

- ミンスミート(下記) … 全量
- 粉糖 … 適量(仕上げ用)
- 強力粉 … 適量(打ち粉用)

準備
- スウィートペイストリー(P64参照)を作って冷蔵庫で冷やします。
- オーブンを190℃に予熱します。
- 型の内側にバター(分量外)を薄く塗り、全面に強力粉(分量外)をふります。

作り方

1 台に打ち粉をし、冷やしておいたスウィートペイストリーを置き、めん棒で3mmの厚さにのばします。直径10cmの丸型で10個抜き、型に敷き込みます。

2 残った生地は、ひとまとめにしてめん棒で3mmの厚さにのばし、ふた用として星形など好みの抜き型で10個抜きます。

3 **1**にミンスミートを約30g(タルト型の高さまで)ずつ入れ、ふた用に抜いた**2**の生地をかぶせます。

4 **3**をオーブンに入れてから、温度を180℃に下げ、23〜25分、表面がこんがりキツネ色になるまで焼きます。仕上げに、表面に茶こしで粉糖をふりかけます。

 **食べ頃と日持ち**

◎ 作りたてから3日目まで。
◎ 保存容器に入れて冷蔵庫で約3日間。

ミンスミート

ミートと聞いてお肉を思い浮かべる方も多いようですが、りんごやドライフルーツ、ナッツ、スパイス、ブランデーなどを混ぜて作るジューシーなフィリングです。

材料(作りやすい分量)

A
- レーズン … 100g
- サルタナレーズン … 100g
- カレンツ … 100g
- オレンジピール … 100g
- レモンピール … 100g
- りんご … 200g
- クルミ … 30g

B
- バター(食塩不使用) … 100g
- ミックススパイス … 小さじ1/2
- シナモンパウダー … 小さじ1/2
- ナツメグパウダー … 小さじ1/2
- クローブパウダー … 小さじ1/2
- きび砂糖 … 大さじ2
- ブラウンシュガー … 24g
- オレンジジュース(ストレート) … 大さじ2
- レモン汁 … 大さじ2

ブランデー … 50mℓ

作り方

1 **A**をすべて5mm角程度に切ります。

2 鍋に**1**と**B**を入れて中火にかけ、へらで混ぜ合わせながら15分煮ます。

3 火を止め、ブランデーを回し入れてへらで混ぜ合わせ、完全に冷めてから保存容器に入れ、冷暗所で保存します。

食べ頃と日持ち

◎ 保存容器に入れて、冷蔵庫で約1年間。
◎ 作ってすぐに食べることもできますが、1〜3カ月ほど寝かせると具材がなじみ、深みのある味わいになります。

Sticky Toffee Pudding

材料（18cmの角型1台分）

A ┌ デーツ（無糖）… 195g
  │ 熱湯 … 150ml
  └ バニラオイル … 小さじ1（なくてもOK）

バター（食塩不使用）a … 75g
ブラウンシュガー … 110g
モラセスシュガー … 10g
卵 … 100g
モラセス … 大さじ1

B ┌ 中力粉 … 150g
  │ ベーキングパウダー … 小さじ1
  └ 重曹 … 小さじ1/2

牛乳 … 80g

＜トフィーソース＞
ブラウンシュガー … 100g
バター（食塩不使用）b … 70g
生クリーム（乳脂肪分38%以上）… 150g
モラセス … 小さじ1/3

バニラアイスクリーム … 適量（好みで）

準備

- Aを合わせて20分おきます。
- Bを合わせてふるいます。
- バターa、bを室温でやわらかくします（指で押したときあとが残る程度）。
- 型（底取れタイプ）の内側の側面にバター（分量外）を薄く塗り、オーブンシートを敷きます。
- オーブンを180℃に予熱します。

---- MEMO ----

モラセスシュガー（右）は、精製前の粗製糖で、ミネラルを多く含みます。モラセス（左）は、砂糖を作る際に原料のサトウキビやてんさいの汁から除去される液体です。糖蜜や廃蜜糖ともいわれ、ミネラルを多く含みます。味はやや黒糖に近い感じです。

作り方

1. Aをミキサー（またはブレンダー）でペースト状にします。

2. ボウルにバターaを入れ、ブラウンシュガーとモラセスシュガーを2～3回に分けて加えながら、その都度ゴムべらで底から返すように、空気を含ませるようなイメージでふんわりしてくるまで混ぜ合わせます（ハンドミキサーでもOK）。

3. 卵を溶き、2に少しずつ加えながらゴムべらで底から返すようにして空気を含ませるように混ぜ合わせます。モラセスも加えてさらに混ぜます。

4. 3にBを1/3量と牛乳を半量加えてゴムべらでさっくりと切るように混ぜ、さらにBの1/3量と残りの牛乳全量を入れて混ぜます。Bの残り全量を入れ、ゴムべらで粉けが見えなくなってなめらかになるまで混ぜ合わせます（混ぜすぎないようにしてくださいね）。

5. 4に1を加え、ゴムべらで全体を混ぜ合わせます（生地はドロッとした液状でOK）。

6. 型に5を入れ、型ごと10cmくらいの高さから2～3回落として生地の中の空気を抜き、表面をパレットナイフでならし、オーブンに入れます。

7. オーブンの温度を170℃に下げ、50分焼きます。中心に竹串を刺して生地がついてこなければ焼き上がり（生地がついたら3分ずつ様子を見ながらさらに焼いてください）。長時間焼くので、途中で表面が焦げそうだったらアルミ箔をかぶせてくださいね。

8. 型ごとケーキクーラーにのせ、粗熱が取れたら型からはずして完全に冷まし、約6cm角×9個に切ります。

9. トフィーソースを作ります。鍋にモラセス以外の材料を入れ、中火にかけて、時々かき混ぜます。沸々してきたら弱火にして、モラセスを加えて3分ほどゴムべらで混ぜながら加熱します。8に温かいトフィーソースをかけ、好みでバニラアイスクリームを添えて食べます。

 食べ頃と日持ち

◎ すぐに食べない分はひとつずつラップに包んで冷凍しておくと約1か月保存可能です。
◎ ラップで包んだプディングは、そのまま電子レンジでやわらかくなるまで2～3分温めて食べてください。
◎ 残ったトフィーソースは保存容器に入れて冷蔵庫で、約1カ月の保存が可能です。

Part2：冬の菓子

スティッキートフィープディング

ねっとりした食感と濃厚な甘みを持つデーツがたっぷり入ったケーキ。
さらに温かくて甘い、キャラメル風味のトフィーソースをたっぷりかけて
いただきます。イギリスではティールームよりも
パブやレストランで、食後のデザートとしてよく見かけます。

Part2 : 冬の菓子

Ecclefechan Tart

エクルフェカンタルト

聞き慣れない名前のこのタルトは、スコットランドの小さな村エクルフェカンに伝わる伝統的な菓子。
中身はドライフルーツとナッツとバターなどを混ぜ合わせるだけでとてもシンプル。
見た目は地味ですが後を引くおいしさで、多くの方に召し上がっていただきたい一品です。

材料（直径15×高さ2cmのタルト型1台分）

＜スウィートペイストリー＞（作りやすい分量）
中力粉 … 100g
塩 … 1g
バター（食塩不使用）… 60g
グラニュー糖 … 15g
冷水 … 20g〜
＜フィリング＞
レーズン … 117g
クルミ … 37g（手で粗く割ります）
バター（食塩不使用）a … 37g
ブラウンシュガー … 37g
溶き卵 … 32g
シナモンパウダー … 小さじ1/4
レモン（国産）の皮のすりおろし … 1/2個分
レモン汁 … 小さじ2
粉糖 … 適量（仕上げ用）
強力粉 … 適量（打ち粉用）

準備
- スウィートペイストリー（P64参照）を作って冷蔵庫で冷やします。
- バターaを室温でやわらかくします（指で押したときあとが残る程度）。
- 型（底取れタイプ）の内側にバター（分量外）を薄く塗り、全面に強力粉（分量外）をふります。
- オーブンを180℃に予熱します。

作り方

1 ボウルにフィリングの材料をすべて入れ、ゴムべらでよく混ぜ合わせます。

2 台に打ち粉をし、冷やしておいたスウィートペイストリーを置き、めん棒で3mmの厚さの丸形にのばします。型に敷き込み、型の外にはみ出た生地は包丁で切ります。型ごと冷蔵庫で30分冷やします。

3 **2**の生地全面にフォークで穴をあけ、**1**を入れます。

4 **3**をオーブンに入れてから温度を170℃に下げ、ペイストリーに、キツネ色の焼き色がつくまで30〜40分焼きます。ケーキクーラーの上に置いて冷まします。仕上げに粉糖を茶こしでそっとふるいかけます。

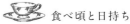 食べ頃と日持ち

◎ 作りたてから3日目まで。
◎ 保存容器に入れて冷蔵庫で約3日間。

Part2：冬の菓子

アップルシャルロット

有名なフランス菓子「シャルロット」の元になったとも
いわれる歴史あるスイーツですが、そこはイギリス菓子、
華麗さはまったくありません。旬のりんごにたっぷりの
バターと食パンを使って作る温かいプディングに熱い
バタースコッチソースをかけて。やみつきになる味です。

Apple Charlotte

材料（直径7cmのプリンカップ3個分）

グラニュー糖 … 250g
水 … 50g
A ┌ りんご … 500g
  │ （皮と芯を除いて1cm角に切ったもの）
  │ ラム酒 … 25g
  │ オレンジジュース（ストレート）… 150g
  └ シナモンパウダー … 大さじ1/2
食パン（12枚切り）… 9枚
バター（食塩不使用）a … 100g
＜バタースコッチソース＞
グラニュー糖 … 60g
水 … 30g
バター（食塩不使用）b … 20g
生クリーム（乳脂肪分38％以上）… 200g
塩 … ひとつまみ

準備

- オーブンを190℃に予熱します。
- バターaを電子レンジ加熱または湯煎で溶かしておきます。

作り方

1 鍋にグラニュー糖と水を入れ、混ぜずに弱火でキツネ色になるまで煮たら、Aを加えてへらで混ぜ、ふたをして中火で煮ます。沸騰したらそのまま5分煮て、ふたを取り10〜15分、水分がなくなってりんごがやわらかくなるまで煮て完全に冷まします（前日に作って冷蔵保存しておいてもOK）。

2 食パンは直径6cmの丸型で3枚、8cmの丸型で3枚型抜きします。残りの食パン3枚はそれぞれ4つに切ります（P47サマープディングの作り方2、3参照）。

3 直径6cmの丸型で抜いた食パン3枚をバターaに浸し、それぞれのプリンカップに敷きます。

4 2で4分割した食パン4枚と直径6cmの丸型で抜いた食パンの切れ端1枚をバターaに浸してから、プリンカップの側面に少しずつずらしながら貼り付けます。残り2つのプリンカップも同様にします（P46サマープディングの作り方5参照）。

5 4に1を均等に詰めます。8cmの丸型で抜いた食パンをバターaに浸してから上にのせ、軽く押さえ、空気を抜いてから天板にのせ、オーブンに入れます。

6 オーブンの温度を180℃に下げ、20〜30分、表面がこんがりキツネ色になったら焼き上がりです。型ごとケーキクーラーにのせ、5分ほどおいてから、お皿を型にのせてひっくり返して型からはずします（熱いのでやけどに注意してください）。

7 プディングを焼いている間にバタースコッチソースを作ります。小鍋にグラニュー糖と水を入れ、混ぜずに弱火にかけ、香ばしい香りが立ち濃いキツネ色になったら残りの材料を加えて5分煮ます。温かいプディングにかけて食べます。

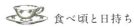 食べ頃と日持ち

◎ 作りたてから2日目まで。
◎ 保存容器に入れて冷蔵庫で約2日間。

Part2 : 冬の菓子

Triple Ginger Cake

材料 (15cmの丸型1台分)

A
- バター (食塩不使用) … 80g
- ブラウンシュガー … 80g
- ゴールデンシロップ … 80g
- モラセス (P84参照) … 40g

牛乳 … 140ml

卵 … 55g

B
- 中力粉 … 160g
- 重曹 … 小さじ1
- ジンジャーパウダー … 小さじ1
- シナモンパウダー … 小さじ1/2
- カルダモンパウダー … 小さじ1/2
- ナツメグパウダー … 小さじ1/2

C
- ジンジャーシロップ (P42参照) … 50g
- ジンジャージャム (P42参照) … 50g

準備
- 型 (底取れタイプ) の内側の側面にバター (分量外) を薄く塗り、底と側面にオーブンシートを敷きます。
- オーブンを180℃に予熱します。

作り方

1 鍋にAを入れて弱火にかけ、へらで混ぜながらゆっくり溶かします。火を止めてから牛乳を加えてよく混ぜ、完全に冷ましたらボウルに移します。卵を溶いて加え、混ぜ合わせます。

2 Bを混ぜ合わせ、ボウルに3回に分けてふるい入れながら、その都度ゴムべらで空気を含ませるようなイメージでふんわりしてくるまで混ぜ合わせます (ハンドミキサーでもOK)。

3 2にCを加え、ゴムべらでトロッとやわらかいクリーム状になるまで混ぜ合わせます (混ぜすぎないようにしてくださいね)。

4 型に3を入れて型ごと10cmくらいの高さから2～3回落として生地の中の空気を抜き、表面をパレットナイフでならし、オーブンに入れます。

5 オーブンの温度を170℃に下げ、50分焼きます。中心に竹串を刺して生地がついてこなければ焼き上がり (生地がついたら3分ずつ様子を見ながらさらに焼いてください)。途中で表面が焦げそうだったらアルミ箔をかぶせてください。

6 型ごとケーキクーラーにのせ、粗熱が取れたら型からはずします。

☕ 食べ頃と日持ち

◎ 焼きたての温かい状態もおいしいですが、完全に冷めてからラップで包み1日くらいおくと、全体がしっとりし、味がなじんでさらにおいしくなります。

◎ 保存容器に入れて冷蔵庫で約3日間。

トリプル ジンジャーケーキ

自家製ジンジャーシロップとジンジャージャム、ジンジャーパウダー、スパイスを詰め込んだ真っ黒なケーキは、体の芯から温まるような味わい。濃いミルクティーとじっくり味わいたい滋味あふれるケーキです。

冬の終わりから春の菓子

冬が長いイギリスでは春を待ち望み、1〜2月頃からその到来を待ちわびます。
ティールームでも、柑橘やいちごなど春の訪れを感じさせてくれる菓子を作り始めます。

Spring

Citrus Upside-down Cake

柑橘のアップサイドダウンケーキ（作り方P94）

柑橘の
アップサイドダウンケーキ (写真P92〜93)

作り方

1

柑橘シロップを作ります。柑橘を皮ごと3mm厚さの薄切りにします。鍋にAを入れ弱火で溶かし、中火にしてから薄切りにした柑橘を加えます。沸騰したら弱火で10〜15分、皮が半透明になるまで加熱します。柑橘を取り出し、残りのシロップは焼き上がってから使うため、鍋に入れたまま取っておきます。

材料（15cmの丸型1台分）

＜柑橘シロップ＞

ネーブル（国産）…1〜2個
＊ブラッドオレンジなど他の柑橘（国産）でもOK。

A ┌ グラニュー糖 … 60g
　├ （あれば）カルダモン（ホール）… 1粒
　└ 水 … 30g

＜アーモンドスポンジ＞

バター（食塩不使用）… 75g
グラニュー糖 … 75g
卵 … 65g

B ┌ 中力粉 … 55g
　├ アーモンドパウダー … 40g
　└ ベーキングパウダー … 小さじ3/4

牛乳 … 大さじ3/4

準備

- バターを室温でやわらかくします（指で押したときあとが残る程度）。
- 型の内側にバターを薄く塗り、オーブンシートを敷きます。焼いている間にシロップがもれないよう、オーブンシートは大きめの1枚に切って型をすっぽりおおうように敷き込んでください。
- オーブンを170℃に予熱します。

5

4にBを3回に分けてふるい入れながら、その都度ゴムべらでさっくりと切るように、粉けが少し見えるくらいまで混ぜ合わせます。

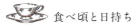 食べ頃と日持ち

◎ 作りたてから3日目まで。
◎ 保存容器に入れて冷蔵庫で約3日間。

Part2 : 冬の終わりから春の菓子

甘い香りとジューシーな果汁、美しいオレンジ色。
柑橘はアップサイドダウンケーキにぴったりの果実です。
特に、12〜3月頃に出回る国産のネーブルやブラッドオレンジのケーキは、
ティールームでも人気です。いろんな旬の柑橘で作ってみましょう。

2. 型に、**1**の柑橘を少しずつ重ねながら隙間なく並べます。

3. アーモンドスポンジを作ります。ボウルにバターを入れ、グラニュー糖を2〜3回に分けて加えながら、その都度ゴムべらで底から返すように、空気を含ませるようなイメージでふんわりしてくるまで混ぜ合わせます（ハンドミキサーでもOK）。

4. 卵を溶いて、**3**に少しずつ加えながらゴムべらでさらに混ぜ合わせます。

6. **5**に牛乳を加え、さらに、ふんわりなめらかになるまで混ぜます。

7. **2**の型に**6**を入れてパレットナイフで表面をならし、オーブンに入れてからオーブンの温度を160℃に下げ、30〜40分焼きます。中心に竹串を刺して生地がついてこなければ焼き上がり（生地がついたら3分ずつ様子を見ながらさらに焼いてください）。型ごとケーキクーラーにのせ、粗熱が取れたらお皿を型にのせてひっくり返し、型からはずします。

8. **1**の鍋に取っておいたシロップを弱火にかけ、少しとろみとツヤが出てきたら火を止め、**7**の表面の柑橘の上に満遍なく塗ります。とろみがあるシロップだから、はけではなくスプーンなどを使うと塗りやすいです。やわらかい状態では表面の柑橘の皮が切りにくいため、30分ほど冷凍庫へ入れてから切るといいでしょう。

Chocolate Bakewell Tart

材料(直径15×高さ2cmのタルト型1台分)

<スウィートペイストリー>(作りやすい分量)
中力粉 … 100g
塩 … 1g
バター(食塩不使用)a … 60g
グラニュー糖 … 15g
冷水 … 20g〜

<フィリング>
バター(食塩不使用)b … 32g
グラニュー糖 … 32g
卵 … 47g
A [アーモンドパウダー … 32g
中力粉 … 4g
ココアパウダー(無糖) … 5g]
ダークチョコレート(製菓用)a … 7g
＊ティールームではカカオ成分70%以上のものを使用しています。
ラズベリージャム … 45g
(あれば)冷凍ラズベリー … 6粒
アーモンドスライス … 10g

<チョコレートクリーム>
生クリーム(乳脂肪分38%以上) … 28g
ダークチョコレート(製菓用)b … 38g
＊ティールームではカカオ成分70%以上のものを使用しています。
(あれば)ラズベリーパウダー … 適量(仕上げ用)
粉糖 … 適量(仕上げ用)
強力粉 … 適量(打ち粉用)

準備

- スウィートペイストリーを作り(P64参照)、冷蔵庫に入れ、1時間からひと晩寝かせます。
- バターbを室温でやわらかくします(指で押したときあとが残る程度)。
- 型(底取れタイプ)の内側に薄くバター(分量外)を塗り、全面に強力粉(分量外)をふります。
- ダークチョコレートaを湯煎で溶かします。
- オーブンを180℃に予熱します。

作り方

1 台に打ち粉をし、冷やしておいたスウィートペイストリーを置き、めん棒で3mmの厚さの丸形にのばします。型に敷き込み、型の外にはみ出た生地は包丁で切ります。型ごと冷蔵庫で30分冷やします。

2 生地全面にフォークで穴をあけ、アルミ箔でおおって重し(タルトストーンや小豆など)をのせます。

3 2をオーブンに入れてから温度を170℃に下げ、15分焼きます。アルミ箔と重しを取り除いて、さらに5分焼きます。ケーキクーラーの上に置いて冷ましておき、オーブンの温度は180℃に上げます。

4 フィリングを作ります。ボウルにバターbを入れ、グラニュー糖を2〜3回に分けて加えながら、その都度ゴムべらで底から空気を含ませるようなイメージでふんわりしてくるまで混ぜ合わせます(ハンドミキサーでもOK)。卵を溶いて少しずつ加えながら、さらに混ぜ合わせます。

5 4にAを3回に分けてふるい入れながら、ゴムべらでさっくりと切るように粉けが見えなくなってなめらかになるまで混ぜ合わせます。溶かしたチョコレートaを加えて、さらに混ぜ合わせます。

6 3にラズベリージャムを塗り広げ、その上に5を入れてパレットナイフで表面をならし、冷凍ラズベリーとアーモンドスライスを散らし、オーブンに入れます。

7 オーブンの温度を170℃に下げ、20〜25分焼きます。中心に竹串を刺して生地がついてこなければ焼き上がり(生地がついたら3分ずつ様子を見ながらさらに焼いてください)。型ごとケーキクーラーにのせ、粗熱が取れたら型からはずして完全に冷まします。

8 チョコレートクリームを作ります。ダークチョコレートbを粗く刻みます。小鍋に生クリームを入れて中火にかけ、チョコレートを加えてゴムべらでよく混ぜ合わせます。チョコレートが溶け始めたら火を止め、なめらかになるまでさらに混ぜ合わせます。完全に冷めてクリーム状になったら7の上にのせてパレットナイフで形を整えてから、ラズベリーパウダーを散らし、仕上げに粉糖を茶こしでそっとふるいかけます。

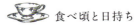 食べ頃と日持ち

◎ 作りたてから3日目まで。
◎ 保存容器に入れて冷蔵庫で約3日間。

Part2：冬の終わりから春の菓子

チョコレートベイクウェルタルト

イギリス中部の小さな町ベイクウェルの名前がついたベイクウェルタルトは、サクサクのタルト台にラズベリージャムとアーモンドクリーム生地を詰めて焼いたお菓子。イギリス中のティールームやスーパーマーケットで見かける人気者です。タイニートリアティールームではチョコレートを詰めてヴァレンタインシーズンのお菓子にしています。

苺とショートブレッドの
クランブルケーキ

さくほろのショートブレッドをベースに、スポンジ、ジューシーないちご、こうばしいクランブルを重ね、風味と食感のハーモニーを味わう特別感のあるケーキ。ショートブレッドだけを作って楽しむこともできます！

Strawberry and Shortbread Crumble Cake

材料(18cmの角型1台分)

いちご … 1パック(10～15粒)

＜クランブル＞(作りやすい分量)

A
- バター(食塩不使用)a … 40g
- 中力粉 … 50g
- 塩 … ひとつまみ

グラニュー糖 … 45g

＜ショートブレッド＞

B
- バター(食塩不使用)b … 50g
- グラニュー糖 … 25g
- 塩 … ひとつまみ

C
- 中力粉 … 50g
- 米粉 … 25g

＜アーモンドスポンジ＞

バター(食塩不使用)c … 110g

きび砂糖 … 55g

グラニュー糖 … 55g

卵 … 66g

(あれば)バニラオイル … 2.5g

D
- 中力粉 … 110g
- アーモンドパウダー … 36g
- ベーキングパウダー … 小さじ1
- 塩 … ひとつまみ

粉糖 … 適量(仕上げ用)

準備

- バターa、b、cを室温でやわらかくします(指で押したときあとが残る程度)。
- 型の内側の側面にバター(分量外)を薄く塗り、オーブンシートを敷きます。
- オーブンを190℃に予熱します。

作り方

1 クランブル(P67アップルクランブルの作り方1参照)を作ります。

2 ショートブレッド生地を作ります。ボウルにBを入れ、ゴムべらですり合わせるようにして混ぜ合わせます。Cをふるい入れながら加え、さらにすり合わせるようにゴムべらで混ぜ合わせます。ボウルの中で、手で1つにまとめたら型に入れて広げ、指でかるく押さえて均等にならします。表面にフォークで穴をあけ、型ごと冷蔵庫に入れて冷やします。

3 いちごは洗って縦半分に切ります。

4 アーモンドスポンジを作ります。ボウルにバターcを入れ、きび砂糖とグラニュー糖を2～3回に分けて加えながら、ゴムべらで底から返すように、空気を含ませるようなイメージでふんわりしてくるまで混ぜ合わせます(ハンドミキサーでもOK)。

5 卵とバニラオイルを泡立て器で混ぜ、4に少しずつ加えながら、さらに混ぜ合わせます。

6 5にDを3回に分けてふるい入れながら、その都度ゴムべらでさっくりと切るように粉が見えなくなってなめらかになるまで混ぜ合わせます(混ぜすぎないようにしてくださいね)。

7 6を2の上に広げながら入れ、パレットナイフで表面をならしてから、3のいちごの切り口を上にして全面にのせ、クランブルを広げて入れます。

8 型をオーブンに入れてから、温度を180℃に下げ、40分焼きます。中心に竹串を刺して生地がついてこなければ焼き上がり(生地がついたら3分ずつ様子を見ながらさらに焼いてください)。型ごとケーキクーラーにのせ、粗熱が取れたら型からはずして完全に冷まします。仕上げに粉糖を茶こしでふるい、約6cm角×9個に切ります。

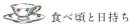 食べ頃と日持ち

◎ 作りたてから3日目まで。
◎ 保存容器に入れて冷蔵庫で約3日間。

Brownie

ブラウニー

ケーキとクッキーの間のような食感のブラウニーは、お店によってレシピは千差万別です。タイニートリアティールームのレシピは、ナッツもドライフルーツも入れない、チョコレートをしっかり味わうためのシンプルなレシピ。濃厚でしっとりした食感が特徴です。

材料（18cmの角型1台分）

ダークチョコレート（製菓用）… 150g
*ティールームではカカオ成分70％以上のものを使用しています。
バター（食塩不使用）… 150g
きび砂糖 … 120g

A 「 卵 … 108g
  └ 卵黄 … 12g

B 「 中力粉 … 36g
  │ ココアパウダー（無糖）… 36g
  │ ベーキングパウダー … 小さじ1/3
  └ 塩 … 1g

準備

- バターを室温でやわらかくします（指で押したときあとが残る程度）。
- 型の内側の側面にバター（分量外）を薄く塗り、オーブンシートを敷きます。
- オーブンを190℃に予熱します。

作り方

1. ダークチョコレートの半量を8mm幅くらいに粗く刻み、残りは湯煎にかけて溶かします。
2. ボウルにバターを入れ、きび砂糖を2～3回に分けて加えながら、その都度ゴムべらで底から返すように、空気を含ませるようなイメージでふんわりしてくるまで混ぜ合わせます（ハンドミキサーでもOK）。
3. **A**を混ぜ合わせ、**2**に少しずつ加えながら、さらに混ぜ合わせます。
4. **B**を**3**に3回に分けてふるい入れながら、ゴムべらでさっくりと切るように粉けが少し見えるくらいの状態まで混ぜます。
5. **4**に**1**で湯煎にかけて溶かしたチョコレートを加えてゴムべらでなめらかなクリーム状になるまで混ぜ合わせ、**1**で刻んだチョコレートを加えてしっかり混ぜます。
6. 型に**5**を入れてパレットナイフで表面をならし、オーブンに入れます。温度を180℃に下げ、25～30分焼きます。中心に竹串を刺して生地がついてこなければ焼き上がり（生地がついたら3分ずつ様子を見ながらさらに焼いてください）。
7. 型ごとケーキクーラーにのせて、粗熱が取れたら型からはずします。

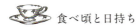 食べ頃と日持ち

◎ 作りたてから3日目まで。
◎ 保存容器に入れて冷蔵庫で約3日間。

Part2 : 冬の終わりから春の菓子

Lemon Meringue Pie

材料（直径15×高さ3.6cmのタルト型1台分）

＜スウィートペイストリー＞（作りやすい分量）
中力粉 … 100g
塩 … 1g
バター（食塩不使用）… 60g
グラニュー糖 … 15g
冷水 … 20g〜

＜メレンゲ＞
卵白 … 2個分（約60g）
グラニュー糖 … 110g
コーンスターチ … 小さじ1/4

レモンカード … 適量（＊下記参照。市販品でも可。）
強力粉 … 適量（打ち粉用）

準備
- スウィートペイストリーを（P64参照）作り、冷蔵庫に入れ、1時間からひと晩寝かせます。
- レモンカードを作り（下記）、冷蔵庫で冷やします。
- 型（底取れタイプ）の内側に薄くバター（分量外）を塗り、全面に強力粉（分量外）をふります。
- オーブンを190℃に予熱します。

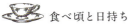 食べ頃と日持ち
◎ 作りたてから4日目まで。
◎ 保存容器に入れて常温で約4日間。

作り方

1 台に打ち粉をし、冷やしておいたスウィートペイストリーを置き、めん棒で2mmの厚さの丸形にのばします。型に敷き込み、型の外にはみ出た生地は包丁で切ります。型ごと冷蔵庫で30分冷やします。

2 生地全面にフォークで穴をあけ、型全体をアルミ箔でおおい、上に重し（タルトストーンや小豆など）をのせオーブンに入れます。

3 オーブンの温度を180℃に下げ、15分焼き、アルミ箔と重しを取り除いてさらに15分焼きます。型に入れたままケーキクーラーの上に置いて冷まします。オーブンの温度を160℃に下げて予熱しておきます。

4 3の生地の中にレモンカードを流し入れ、パレットナイフで表面をならし、冷蔵庫で冷やします。

5 メレンゲを作ります。ボウルに卵白を入れ、泡立て器（ハンドミキサーでもOK）で泡立てます。メレンゲがモコモコと大きくなってきたら、グラニュー糖を小さじ1くらいずつ3回散らすように加え、その都度しっかり泡立てます。グラニュー糖の残りをすべて入れてからさらに泡立て、しっかりとツノが立つ固さになったらコーンスターチを加えて30秒ほど泡立てます。

6 4の中心に5をのせ、全面に広げるのではなく型の中心に山になるようにし、表面をパレットナイフで整えてオーブンに入れます。160℃で30分、表面に薄いキツネ色の焼き色がつくまで焼きます。

レモンカード （写真左下）

材料（作りやすい分量）

＜レモンカード＞
レモン（国産）… 2〜3個
バター（食塩不使用）a … 40g
グラニュー糖 … 44g
A ┌ 卵 … 1個（約50g）
　└ 卵黄 … 2個分（約40g）
バター（食塩不使用）b … 20g

準備
- バターa、bを室温でやわらかくします（指で押したときあとが残る程度）。

作り方

1 レモンは皮をすりおろしてから果汁80mlを搾り、すりおろした皮と種とともにボウルに入れ、バターaとグラニュー糖も加えます。ボウルよりやや大きいサイズの鍋を用意し、ボウルの底につくぐらいの量の湯を沸かし、弱火にしてからボウルをのせて湯煎します。

2 1をゴムべらで混ぜながらすべてが溶け合わさったら火を止めます。Aをよく溶いてからボウルに加え、しっかり混ぜ合わせてから再度弱火にかけ、ゴムべらで混ぜながら10分湯煎します。とろみが出てきたら火を止め、ボウルを湯煎からはずします。

3 2を裏ごしし、バターbを加えてゴムべらでよく混ぜ合わせます。

Part2 : 冬の終わりから春の菓子

レモンメレンゲパイ

サクサクのペイストリーに、口の中がキュッと
するほど酸みの強いレモンカード、モコモコ
ふわふわのメレンゲをのせた胸ときめく
ケーキです。レモンカードは多めに作って
スコーンに添えていただくのもおすすめ。

--- MEMO ---

レモンカードのレシピは、ティールーム
でスコーンに添えてお出ししているも
のです。作りたてのフレッシュな爽や
かさを、レモンメレンゲパイのフィリン
グとして、そしてスコーンのお供として
もお楽しみいただけます。

ラヴェンダーとカモミールの蜂蜜ケーキ

春のアフタヌーンティー、イースターをイメージして作った
はちみつ味のケーキです。ミモザ、水仙、たんぽぽ、菜の花。
春のイメージは温かい黄色。そこにラベンダーとカモミールの
優しい香りを添えて。春の足音が聞こえるようになったら、
ぜひ作ってほしいハーブ香るお菓子です。

Part2 : 冬の終わりから春の菓子

Lavender and Chamomile Honey Cake

材料(15cmの丸型1台分)

バター(食塩不使用) … 98g
グラニュー糖 … 77g
オレンジピール … 3g
はちみつ … 7g
牛乳 … 7g
卵 … 98g

A ┃ 中力粉 … 98g
　┃ ベーキングパウダー … 小さじ1/2

B ┃ 食用ドライラヴェンダー … 0.7g
　┃ ＊ミルサーやフードプロセッサーで粉末状に挽きます。
　┃ 食用ドライカモミール … 0.7g
　┃ ＊ミルサーやフードプロセッサーで粉末状に挽きます。

＜デコレーション＞

C ┃ ホワイトチョコレート(製菓用) … 50g
　┃ 牛乳 … 小さじ1

食用ドライマリーゴールド … 適量
食用ドライコーンフラワー … 適量

準備

- バターを室温でやわらかくします(指で押したときあとが残る程度)。
- 型(底取れタイプ)の内側の側面に薄くバター(分量外)を塗り、底と側面にオーブンシートを敷きます。
- オーブンを170℃に予熱します。

作り方

1 ボウルにバターを入れ、グラニュー糖を2～3回に分けて加えながら、その都度ゴムべらで底から返すように、空気を含ませるようなイメージでふんわりしてくるまで混ぜ合わせます(ハンドミキサーでもOK)。

2 1にオレンジピール、はちみつ、牛乳を順に加えながら、その都度よく混ぜ合わせます。卵を溶き、少しずつ加えながら、さらに混ぜ合わせます。

3 2にAを3回に分けてふるい入れながら、その都度ゴムべらでさっくりと切るように、粉が少し見えるくらいの状態まで混ぜ合わせます。

4 3にBを加え、ゴムべらでクリーム状になるまで底から返すように混ぜ合わせます。

5 型に4を入れて、パレットナイフで表面をならしてオーブンに入れます。

6 温度を160℃に下げ、25～30分焼きます。中心に竹串を刺して生地がついてこなければ焼き上がり(生地がついたら3分ずつ様子を見ながらさらに焼いてください)。型ごとケーキクーラーにのせて、粗熱が取れたら型からはずして完全に冷まします。

7 耐熱性のボウルにCを入れ、湯煎でホワイトチョコレートが溶けてクリーム状になるまで加熱します。ゴムべらでよく混ぜてから6のケーキの上に回しかけ、ドライマリーゴールドとドライコーンフラワーを散らします。

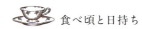 食べ頃と日持ち

◎ 作りたてから3日目まで。
◎ 保存容器に入れて冷蔵庫で約3日間。

レモンとエルダーフラワーの
ヴィエニーズ・ワール

「ウィーン風の渦巻き」と名付けられた、薔薇の花のような愛らしいお菓子。バターをたっぷり使った生地は、ほろほろと口の中で溶けていきます。ラズベリージャムをサンド（写真右奥）するのが元々のレシピですが、エルダーフラワー風味のバタークリームと自家製レモンカードをサンドして、春のアフタヌーンティーにぴったりの味わいに仕上げました。

Lemon and Elderflower Viennese Whirl

材料（直径3cmサイズ×10個分）

バター（食塩不使用）c … 120g

粉糖 … 25g

A ┌ 中力粉 … 110g
  └ 米粉 … 15g

バニラオイル … 小さじ1/6

＜バタークリーム＞

バター（食塩不使用）d … 30g

粉糖 … 60g

エルダーフラワーコーディアル
　… 小さじ1/2

＜レモンカード＞＊市販品でも可

（作りやすい分量：ここでは40g分使用）

レモン … 2個

バター（食塩不使用）a … 40g

グラニュー糖 … 44g

B ┌ 卵 … 1個（約50g）
  └ 卵黄 … 2個分（約40g）

バター（食塩不使用）b … 20g

粉糖 … 適量（仕上げ用）

準備

- レモンカードを作ります（P102参照）。
- バターc、dを室温でやわらかくします（指で押したときあとが残る程度）。
- 天板にオーブンシートを敷きます。
- オーブンを180℃に予熱します。

作り方

1 ボウルにバターcと粉糖を入れてゴムべらで混ぜ合わせます。Aをふるい入れ、その都度ゴムべらでさっくりと切るように粉けが見えなくなってなめらかになるまで混ぜ合わせます。

2 1にバニラオイルを加えて、ゴムべらで底から返すように空気を含ませるようなイメージでふんわりしてくるまで混ぜ合わせます（ハンドミキサーでもOK）。

3 絞り袋に直径5cmの星型口金をつけて2を入れ、天板に直径3cmくらいの円形に20個絞り出します。天板ごと冷蔵庫に入れて15分程度冷やしてから、オーブンに入れます。

4 オーブンの温度を170℃に下げ、15分、ほんのり焼き色がつくまで焼きます。天板にのせたまま完全に冷まします。

5 バタークリームを作ります。ボウルにバターdを入れ、粉糖を2～3回に分けて加えながら、その都度ゴムべらで底から返すように、空気を加えるようなイメージで途中でエルダーフラワーコーディアルも加えてふんわりしてくるまで混ぜ合わせます（ハンドミキサーを使ってもOK）。

6 絞り袋に小さめの星型口金をつけて5を入れ、冷ました4の10枚の裏側に絞り出します。

7 クリームの上にレモンカードを小さなスプーンでのせて広げ、残りの10枚でサンドします。仕上げに粉糖を茶こしでふるいかけます。

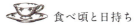 食べ頃と日持ち

◎ フィリングをはさんだ場合は1日以内。メレンゲ菓子だけなら作りたてから保存容器に入れて冷蔵庫で3日目まで。

タイニートリアの誌上紅茶レッスン

タイニートリアティールームで行われる不定期のティーレッスンは、ありがたいことにいつも満席です。今回は誌上で、ダブルポットで淹れる方法とティーバッグでおいしくいただく方法、二通りの紅茶の淹れ方をティーインストラクターの石田菜穂美さんに教えていただきます。

教えていただいたのは……

石田菜穂美さん。日本紅茶協会認定ティーインストラクター。東京都目黒区のティールーム「BATEAU The Tea House」店主。タイニートリアティールームのオープン当初から足繁く通ううち、慶本さんと意気投合。スタッフとして「小さな本店」でヴィンテージ食器の販売と、タイニートリアティールームのオリジナル紅茶をブレンドすることに。

<その1> 茶葉はダブルポットで

ポットを2つ使うダブルポットスタイルなら、時間がたってもポットの中で紅茶が濃くなってしまうことなく、常においしい紅茶がいただけます。

用意するもの

右上から時計回りで、湯沸かしポット（またはやかん）、タイマー、電子スケール、茶こし、好みの茶葉、ファーストポット、セカンドポット

1. 茶葉を量る

茶葉は1杯分で3g、2杯分なら5gを電子スケールで正確に量ります（茶葉の種類や大きさによって使用量が変わる場合があります）。

2. 水道水を沸かす

湯沸かしポットややかんで湯を沸かします。くみたての水道水（軟水）を使うことで紅茶の香りや味を引き出しておいしく淹れることができます。ミネラルウォーター（硬水）よりおすすめです。

3. ファーストポットを温める

ファーストポットの下から1/5くらいのところまで湯を入れ、ポット本体をくるくる回して温めます。このとき、一緒にカップにも湯を注いで温めておきます。

4. セカンドポットを温める

ファーストポットの湯をセカンドポットに移し、ふたをしてポットを温めておきます。

5. タイマーをセットします

ファーストポットに1で量った茶葉を入れます。タイマーを3分にセットし、スタートボタンを押します。

6. 沸騰直後の熱湯を注ぐ

しっかりと沸騰させた熱湯を手早くファーストポットに注ぎ、すぐにふたをします。湯量は1杯分なら160〜180ml、2杯分なら350ml程度。寒い時はティーコゼーで覆って保温します（乾いたふきんやタオルを代用してもOK）。

7. 茶液をセカンドポットに移す

タイマーが2分45秒になったら、セカンドポットの湯を捨て、茶こしで茶液を移します。ファーストポットに茶液が残らないよう移し終えたときにタイマーが鳴るくらいが丁度いい時間配分。茶こしを、ファーストポットからはずし傾けて最後の一滴をポットに移します。これはゴールデンドロップといわれる、紅茶のおいしさが詰まった一滴。茶こしは何度もふらないでくださいね。

8. カップに注ぐ

カップのお湯を捨てて、出来上がった紅茶を注ぎます。
※今回は、タイニートリアティールームブレンドを使用。茶葉量5g（2杯分）、蒸らし時間3分で解説しています。

＜その2＞ ティーバッグでおいしく

イギリスでは、ほとんどの人がティーバッグで紅茶を楽しんでいます。
ここでは、ティーバッグをティーカップのみでおいしく淹れる方法をご紹介します。

1. 湯を沸かし注ぐ

あらかじめ温めたカップに沸騰直後の熱湯を注ぎます（茶葉が湯を吸って出来上がり量が減るため、通常の湯量よりも少しだけ多めに注ぎます）。

2. ティーバッグを入れる

カップにティーバッグを静かに入れます。プカプカ浮かないようにしっかり沈めてください。ティーバッグは熱湯を注いだ後に入れましょう。

3. 蒸らす

「ティーカップにソーサーをフタ代わりにしてのせて蒸らします（タイニートリアティールームブレンドの場合、蒸らし時間は3〜4分）。

4. ティーバッグを引き上げる

ティーバッグを左右に1度だけ軽く揺らしてから静かに引き上げます。何度も揺らしたり、上下に動かしてティーバッグでかき混ぜたりすると渋くなるので気をつけてくださいね。

水色が美しい、おいしい紅茶の出来上がり！

タイニートリアのブレンドティー

「タイニートリアオリジナルティールームブレンド」はスリランカ南部を産地とする「ルフナ」をベースにした、甘みとコクのある紅茶です。

イギリスのティールームに魅せられて

イギリスで出会ったティールームに魅了され、飲食店を経営したこともないのに
お店を始めたいきさつや、一番人気のアフタヌーンティーについてお話しします。

イギリスのティールームとの出会い

　初めてイギリスを訪れたのは20代。ロンドンの華やかな喧噪、ヨークの中世の町並み、ウィンダーミアの湖畔のしたたるような緑、スカイ島の荒々しい絶景。列車で北へ上りながら気の向くまま降り立った土地で、歴史と美しい自然が織りなすこの国の魅力に触れて心奪われ、そして40代での再訪時、さらに地方を巡ってカントリーサイドのティールームという存在に出会い、虜になりました。

　どこのお店も小さな家族経営で、ポットになみなみと入った紅茶とともに出てくるお菓子は大きくて素朴なスコーンやケーキ。どっしりとした見た目と、みっしりとした食感は、日本で見慣れてきた小さくてカラフルでふわふわのかわいらしいケーキと比べたらちょっとそっけないくらい。

　テーブルや椅子、食器もばらばらで、インテリアは好きなものを好きなように飾っていて統一感なんてまったくなし。マーケティングをして作られる洗練されたお店とは真逆の、有機的でごちゃごちゃした世界観。それなのに、なんだかリラックスできる居心地のよさがあったんです。

　素朴で大らかで、訪れる人を包み込むような優しい空間。私は、そんな「ティールームというスタイルのお店」にすっかり惚れ込んでしまったのです。

　日本へ帰るころには東京でティールームを開店することを決めていました。

人形町を選んだ理由

　私が「タイニートリアティールーム」をオープンしたのは2016年のこと。場所は東京の銀座、日本橋に程近い下町情緒あふれる人形町。大正時代から続くたい焼き店、火鉢で焼かれる手焼きせんべい店、自家製甘酒を売る酒店に金物店と、昔ながらの個人商店が立ちならぶ「甘酒横丁」から少し入った場所でした。

　もともと銀座や日本橋の近くがいいなと思っていたのですが、土地勘があったわけでもなく、周辺の町を歩きまわるなかで、ここだ！と直感したんです。お客様が来そうだとか、採算がとれそうだというような発想はまるでなく、土地に活気があって、町行く人の気配がよかったから。「この、派手さはないけれど気のいい、落ち着いた町でお店をやりたいな」って、ただ、それだけでした。

　私がイメージしていたお店は、昭和の時代の小さなタバコ屋さん。声がかかったら、奥から店主が出てくるような感じで、お店の家賃が払えるくらいでいいから、のんびりやっていけたらな、と思っていました。

50歳目前で開店を決意

　実家で飲食店を経営していたこともあって、いつかは飲食のお店をやってみたいとは思っていたんです。でも日本には、すでにおしゃれで素敵なお店ならいくらでもあるから、わざわざ自分が新たにやる意味を見つけられずにいました。

　また私は美大を卒業後、当時流行っていた「24時間働けますか」というCMさながら、PR会社でがむしゃらに働いていました。その反動なのか、マーケティングに根ざして戦略的に店やものを作ることに興味が薄れてきたんです。

　だから世の中に受けるかどうかなど関係なく、心地よい時間を与えてくれる、イギリスのティールームに魅了されたんでしょうね。

　さて、イギリスで体験したティールームを作ろう！と決意したはいいものの、当時の私に飲食店経営の経験はなし。年齢は50歳目前。製菓を専門的に学んだこともありません。頼れるのは自分の直感のみでした。普通に考えたら無謀なトライかもしれませんが、当時の私は、「やるんだ！」と思い込んで、不安を感じる余地もありませんでした。

　銀行からの借り入れ計画、店舗選び、メニュー開発、仕入先探しと猪突猛進。思えば20代は仕事に邁進、結婚してからは、お菓子とパン作りにはまって毎日飽きることなく没頭。ワインに興味が向くとソムリエの資格まで取ってしまいました。私は、何かに夢中になると突き進む性分なんでしょうね。

タイニートリアティールーム
住所：東京都中央区日本橋人形町2-20-5
柿沼ビル1F
電話：070-7795-1889／営業：11:00〜17:30
定休日：月・火（祝日は営業）

ふと思うのです。もし私が20代だったら、イギリスのティールームにここまで心を揺さぶられたかな?って。人生も後半にさしかかる50歳目前というタイミングで出会ったからこそ、ティールームの心地よさに気づいたのでしょう。そして、お店を出すという思い切った決断も、迷うことなくできたのかもしれません。

「タイニートリアティールーム」の店名の由来

お店の名前をどうしようかとずっと考えていました。

ふと浮かんだのが、私が一番好きな菓子、ヴィクトリアスポンジ。イギリスで初めて食べたときの衝撃は、今も忘れられません。みっちりしたスポンジ生地にジャムをはさんだだけなのに、すごくおいしい! 見た目と味のクラシカルさに、胸がときめきました。

そこでVictoriaからtoriaをとり、お店も小さかったので「小さな」を意味するTinyと組み合わせて「タイニートリア」という造語を考えました。Toriaは、イギリスでは昔、Victoriaという名前の小さな女の子を呼ぶときの愛称でもあったそうなのです。

そういうわけで店名は「タイニートリアティールーム」、小さなヴィクトリアちゃんのティールーム、となりました。

甘酒横丁沿いに今のお店をオープン

ゆっくり、のんびりやろうと始めたティールームですが、ありがたいことに、イギリス好きの方々の口コミで情報が広まり、全国からお客様が来てくださるように。14席が満席という日も続くようになったので、思い切ってスタッフを雇うことになりました。

そうなると、わずか1畳たらずのキッチンでは、どうしても手狭になってしまい、開店後の2019年に、最初のお店は残したまま、甘酒横丁の通り沿いに今のお店をオープンさせました。席数は18席と、最初の店舗から大きく増えたわけではありませんが、お客様が肩寄せあってぎゅうぎゅうに座っていたことを考えると、ゆっくりしていただけるようになったかな。

もともと洋食屋さんだった店舗なので、厨房もずいぶん広くなりました。そして、スタッフも増えました!

オープン当初は心配して手伝ってくれた2人の妹と友人たちに助けられ、その後も少しずつ増えてきたスタッフたちに助けられてきました。彼らがいなかったら店を続けることはできなかったでしょう。タイニートリアティールームは私が一人で始めた店だけど、彼らが作ってくれた店でもあると思っています。

今いるスタッフたちは、キッチンに3人、ホールに5人。皆さん、私のティールームへの思いを共感してくれている方ばかりで本当に助かっています。

うちのキッチンスタッフって、一日中お店でお菓子を作ったのに、帰宅してからも、すぐ気になるお菓子を作って次の日に持ってきてくれるような、根っからお菓子作りが好きな人たちなんです。

「小さな本店」について

現在のティールームを開店したとき、最初の店舗を閉めるという選択もありましたが、思い出の詰まったこの場所を手放すことはどうしてもできませんでした。今は「小さな本店」として、毎月3回ほど、ヴィンテージ食器の販売をしています。

私の今の夢は、この小さな本店をティールームとして復活させること。昔からの常連さんから「あの小さな空間もまた、アットホームな雰囲気を感じられてよかったのよね」と言われることも。週末に1組か2組だけでもこの雰囲気でお茶の時間を楽しんでもらえるようにしたいなと思っています。それにはスタッフを増やさないとなので、簡単ではないのですけれども。

私がティールームで大切にしていること

お店で一番大切にしているのは居心地のよさです。私がイギリスのティールームで感じたように、常連さんはもちろん、初めてお店に訪れてくださった方でも、まるで友人の家へ遊びにきたかのようにリラックスできる空間づくりができたらと思っています。

たとえば私は、お客様に「こんにちは」とお声がけするようにしているのですが、「いらっしゃいませ」よりも、お客様に、ほっとしていただけるかなという思いを込めています。

最初のお店のオープン時から通い続けてくださるご家族がいらっしゃいます。ベビーカーにのっていた息子さんは小学生に。成長とともに、今読んでいる本や夢中になっている趣味のことなどをお話ししてくれるんです。彼の成長を見守れることがとってもうれしくて。そんな家族ぐるみでのおつきあいができるのも、ティールームならではと思っています。

そしてお出迎えと同じくらい大切に思っているのがお見送り。お客様がお帰りになるときは、できるかぎりドアのところまで行って、お礼をお伝えします。そこでひと言、二言かわす会話が何より楽しいのです。スタッフたちも、私のこの考えをよく理解してくれていて、お客様と接しています。

小さな本店 TEA & Something Lovely
住所:東京都中央区日本橋人形町2-20-2大山ビル1F
電話:070-7795-1889
営業:不定期(instagramでお知らせしています)

ホールスタッフとキッチンスタッフは総勢8人。左からなおみさん、ももこさん、私、えりこさん、あさみさん、さおりさん、ゆりこさん。えりこさんは音大のピアノ科卒業後、ロンドンのコルドンブルーでお菓子を学び、帰国後フレンチレストランのペイストリー部門へ。あさみさんは郵便局に勤務しながら、お菓子作りの腕を磨いてきました。ゆりこさんは製菓学校を卒業後、プロのパティシエールとしてキャリアを積み重ねてきた凄腕さん。みんな、ティールームが大好きなスタッフばかり！

イギリスのティールームでは、カウンターにスコーンやケーキが並べられていて、そこから好きなものを選びます。店で使うポットやミルクジャグを上から吊すのもイギリスのティールームでよく見る光景です。

左) 季節をイメージした飾り付けをしているショーウィンドウ。欠けてしまったけれど愛着のあるカップなども使ってます。上) 私が一番好きなお菓子「ヴィクトリアスポンジ」。

ティールームの看板代わりの自転車は、イギリスのヴィンテージ品。ラヴェンダー色だったのに、陽射しを浴び、いつしか水色に！

115

当店のお菓子と紅茶について

　当店で人気ナンバーワンのお菓子、「ヴィクトリアスポンジ」には、その呼び名に、私なりのこだわりがあります。

　私がイギリスの田舎のティールームを巡った時、ほとんどの店でこのケーキを「ヴィクトリアスポンジ」と呼んでいました。「ヴィクトリアサンドイッチ」や「ヴィクトリアケーキ」とも呼ばれますが、日本では聞きなれない、ちょっと古めかしい感じの響きが素敵で、名前も含めて大好きになったんです。だから私にとってこのケーキは、やっぱり「ヴィクトリアスポンジ」なのです。

　そしてティールームにとって、お菓子と同じくらい大切なのが紅茶。

　まずはイギリスで最もポピュラーな、ティーバッグの紅茶を用意することは決めていました。「テトリー」や「ヨークシャーティー」など、老舗茶商が独自の配合で作るしっかりした味わいのブレンドティーで、ストレートでもミルクを入れてもおいしく、たっぷりカジュアルに楽しめるので家庭でのティータイムにも最適な紅茶です。

　リーフティーは産地ごとの味わいを楽しんでいただけるよう、10種類以上の茶葉を、原産国から直接買い付けている個人の業者さんなどから仕入れています。

　そして開店当初のお店（現在の「小さな本店」）にお客様として通ってくださっていた石田菜穂美さんとの出会いがあり、念願だったオリジナルティーを作れることに！ 目指したのは、とにかくイギリス菓子に合う紅茶。スリランカ産のルフナをベースに、コクとふくよかさがあり、ストレートでもミルクティーでもおいしく飲める味になっています。

タイニートリアのアフタヌーンティー

　ティールームに欠かせないメニューといえば、スコーンと紅茶のセット「クリームティー」ですが、もうひとつ、同じくらい大切なのが「アフタヌーンティー」。最初の店舗では厨房が狭かったため、提供することができませんでしたが、今の店舗に移って広くなり、念願叶って始めることができたのです。当ティールームにいらっしゃるお客様の多くが、アフタヌーンティーを注文されます。

　アフタヌーンティーのメニューは、季節を感じるようなスコーンとティーフード、お菓子、ウェルカムドリンクとポットティー、セカンドティーがセットになっています。

　年間に6テーマ。1月下旬ごろから始まる「ヴァレンタインアフタヌーンティー」、3月中旬ごろからの「イースターアフタヌーンティー」、5月下旬ごろから始まる、イギリス王室のイベントにちなんだ「ロイヤルフェイバリットアフタヌーンティー」、7月下旬から始まる「ロイヤルサマーアフタヌーンティー」、紅茶がおいしくなるころ、9月下旬から始まる「ティーラバーズアフタヌーンティー」、そして、当ティールームで一番人気のある11月初旬から始まるクリスマスをイメージした「フェスティブアフタヌーンティー」。

　上記アフタヌーンティーの期間以外は、ご予約なしでも頼めるお値段控えめの「カジュアルアフタヌーンティー」もあります。こちらはポットティーにきゅうり、卵、コロネーションチキンの3種の定番のサンドイッチとスコーン、ジャムとクロテッドクリーム、カウンターのケーキから1つお選びいただくスタイルです。

　季節ごとのアフタヌーンティーのお菓子は、普段ティールームでは用意していないものが多く、本書にはそんなお菓子のレシピも掲載しました。定番のお菓子から季節のお菓子まで、タイニートリアティールームのお菓子を、おうちで作って味わい楽しんでいただけたら、とてもうれしいです。

季節のアフタヌーンティーの1つ「ヴァレンタインアフタヌーンティー」(写真は2人分)。紅茶は3種。オリジナルの「スウィートハートブレンド」を水出ししたウェルカムティー、ティーメニューから1種類選べるポットティー、季節のお菓子に合わせたセカンドティー。下段のお皿のセイボリーは季節のスープ、2種のオープンサンドイッチ、中段は3種の焼き菓子、上段は2種のグラススウィーツ。そして別スタンドで2種のスコーンとクロテッドクリームとジャム。

クリスマスに飾るオーナメントはイギリスで買ってきたものです。写真はイギリスの国鳥ロビン(こまどり)のオーナメント。

店内のディスプレイは季節ごとに変えています。なかでも人気が高いのは、やっぱりクリスマスのデコレーション。高さ2mのツリーには、たくさんのオーナメントを飾ります。

慶本 佐知子（けいもと・さちこ）

「タイニートリアティールーム」オーナー。美術大学卒業後、PR会社等勤務を経て、2016年に下町の風情が残る東京・人形町に紅茶と英国菓子の同店をオープン。2018年に同じ人形町の甘酒横丁に移転。英国各地を巡って出会ったティールームの居心地のよさを活かした店内、季節ごとにテーマが変わるアフタヌーンティーが評判を呼び、日本全国から客が絶えない人気店に。本書が初の著書。

Tiny Toria Tearoom
タイニートリアティールーム

公式サイト：https://www.tinytoria.com/
Instagram：@tiny_toria
X：@tinytoria_jp

タイニートリアティールーム
季節を味わうイギリスの菓子

2025年5月2日　初版発行

著　者　慶本佐知子
発行者　山下直久
発　行　株式会社KADOKAWA
　　　　〒102-8177　東京都千代田区富士見2-13-3
　　　　電話 0570-002-301（ナビダイヤル）
印刷所　TOPPANクロレ株式会社
製本所　TOPPANクロレ株式会社

本書の無断複製（コピー、スキャン、デジタル化等）並びに無断複製物の譲渡および配信は、著作権法上での例外を除き禁じられています。また、本書を代行業者等の第三者に依頼して複製する行為は、たとえ個人や家庭内での利用であっても一切認められておりません。

●お問い合わせ
https://www.kadokawa.co.jp/（「お問い合わせ」へお進みください）
※内容によっては、お答えできない場合があります。
※サポートは日本国内のみとさせていただきます。
※Japanese text only

定価はカバーに表示してあります。

©Sachiko Keimoto 2025　Printed in Japan
ISBN 978-4-04-897883-5　C0077